essentials

essentials liefern aktuelles Wissen in konzentrierter Form. Die Essenz dessen, worauf es als „State-of-the-Art" in der gegenwärtigen Fachdiskussion oder in der Praxis ankommt. *essentials* informieren schnell, unkompliziert und verständlich

- als Einführung in ein aktuelles Thema aus Ihrem Fachgebiet
- als Einstieg in ein für Sie noch unbekanntes Themenfeld
- als Einblick, um zum Thema mitreden zu können

Die Bücher in elektronischer und gedruckter Form bringen das Expertenwissen von Springer-Fachautoren kompakt zur Darstellung. Sie sind besonders für die Nutzung als eBook auf Tablet-PCs, eBook-Readern und Smartphones geeignet. *essentials:* Wissensbausteine aus den Wirtschafts-, Sozial- und Geisteswissenschaften, aus Technik und Naturwissenschaften sowie aus Medizin, Psychologie und Gesundheitsberufen. Von renommierten Autoren aller Springer-Verlagsmarken.

Weitere Bände in dieser Reihe http://www.springer.com/series/13088

Hans Joachim Hoppe · Jürgen Jünger
Tilo Esche

Wie Unternehmen von Theater profitieren können

Führung spielend lernen

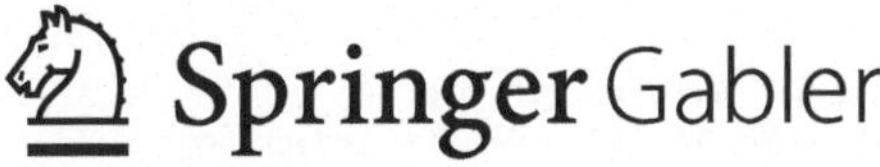
Springer Gabler

Hans Joachim Hoppe
Leipzig, Deutschland

Tilo Esche
Leipzig, Deutschland

Jürgen Jünger
Leipzig, Deutschland

ISSN 2197-6708
essentials
ISBN 978-3-658-17509-2
DOI 10.1007/978-3-658-17510-8

ISSN 2197-6716   (electronic)

ISBN 978-3-658-17510-8   (eBook)

Die Deutsche Nationalbibliothek verzeichnet diese Publikation in der Deutschen Nationalbibliografie; detaillierte bibliografische Daten sind im Internet über http://dnb.d-nb.de abrufbar.

Grafiken: Anita Kriebel, Leipzig, Deutschland

Gedruckt auf säurefreiem und chlorfrei gebleichtem Papier

Springer Gabler ist Teil von Springer Nature
Die eingetragene Gesellschaft ist Springer Fachmedien Wiesbaden GmbH
Die Anschrift der Gesellschaft ist: Abraham-Lincoln-Str. 46, 65189 Wiesbaden, Germany

Was Sie in diesem *essential* finden können

- Was Unternehmen von Theater lernen können
- Eine Kritik des Unternehmenstheaters
- Ein neues Konzept von Unternehmenstheater
- Spielerisches Lernen von Führung
- Wie Führung (wieder) Spaß machen kann

Vorwort: Alles nur Theater?

Das Theater aber ist dazu da, unseren Blick zu erweitern.
Peter Brook

Unternehmenstheater erfreuen sich gerade großer Beliebtheit und es ist schon einiges über sie geschrieben worden. Dessen Einsatzmöglichkeiten sind vielfältig, weshalb es gern für Unternehmensevents gebucht wird. Wenn Mitarbeiter und Führungskräfte z. B. die schwierigen Etappen der Unternehmensgeschichte inszenieren oder schwierige Rahmenbedingungen und die daraus resultierenden Herausforderungen mit theatralischen Mitteln aufarbeiten, dann stärkt dies die Teambildung und die Motivation. Die Führungskräfte scheinen zufrieden.

Werden jedoch die „Spätfolgen" von Unternehmenstheater betrachtet, dann bleiben die Improvisationsszenen, die selbst gespielte Rolle oder das gemeinsam erarbeitete Projekt in guter Erinnerung, doch in Bezug auf die Erwartungshaltung der Mitarbeiter an Führung tritt meist Ernüchterung ein. Es hat sich wenig bis gar nichts geändert.

Über Unternehmens- bzw. Mitarbeiterführung ist noch mehr geschrieben worden. Doch darf man den Veröffentlichungen Glauben schenken, dann sind Führungsqualität und Mitarbeiterzufriedenheit in den Unternehmen offensichtlich verheerend.

Die Gallup-Studie wird seit 2001 jährlich zur Arbeitsplatzqualität in Deutschland durchgeführt. Sie belegt, dass nur 15 % der Arbeitnehmer eine hohe Bindung an ihren Arbeitgeber haben, 70 % machen Dienst nach Vorschrift und die restlichen 15 % haben innerlich bereits gekündigt. Seit Jahren bewegen sich die Zahlen nicht von der Stelle. Was für eine Verschwendung von Ressourcen! (9).

Doch damit nicht genug: Manager lesen keine Bücher mehr. So haben von zehn Führungskräften acht bis neun noch nie ein Buch von Peter F. Drucker gelesen, einem der bedeutendsten Management-Autoren aller Zeiten. Das ist so, als wollte jemand ein großer Komponist werden, ohne je von Mozart gehört zu haben. Zwei von drei Führungskräften in Deutschland lesen sogar nie (41).

Scheinbar kommt da das Unternehmenstheater gerade recht – und verpasst zugleich eine Riesenchance. Denn die Wirkung bleibt auf den „Theater-Event" beschränkt und erreicht nicht das Unternehmen im täglichen Geschäftsbetrieb. Wie auch! Nach einer Stunde Musikunterricht kann doch auch niemand ein Instrument spielen.

Hier sind die Macher von Unternehmenstheatern gefordert, sonst bleibt Unternehmenstheater ein Hype in unserer schnelllebigen Zeit.

Andererseits ist der heutige Arbeitsalltag so verdichtet, dass für eine längere Auszeit oder Weiterbildung keine Zeit bleibt – ein Dilemma. Die traditionellen Trainingsangebote locken niemanden mehr hinter dem Ofen hervor, weshalb neue Ideen und Konzepte gefragt sind.

Die Innovatoren von Technik, zum Beispiel Smartphones, machen es uns vor. Handbücher sind out, **spielerisches Lernen** ist in, gemäß dem geflügelten Wort: Probieren geht über Studieren. Da drängen sich Begriffe wie Improvisation, Intuition, Kreativität, Spontaneität, Intervention, Selbstorganisation … nahezu auf. Das Unternehmenstheater vereint viele dieser Elemente in sich. Die Autoren wollen mit ihrem Konzept diese Lücke schließen.

Wenn drei ein Buch schreiben

Was haben ein Wissenschaftler und Coach, ein Regisseur und ein Manager gemeinsam? Hier sind drei Kompetenzen aufeinandergetroffen, die es geschafft haben, die längst fällige Brücke zwischen Improvisation und Führung zu schlagen.

Schreibt ein Wissenschaftler ein Buch, bleibt dieses erfahrungsgemäß in einem vergleichsweise kleinen Zirkel, allein schon der Sprache wegen. Ein Regisseur kennt die Theatermittel, schreibt Drehbücher und setzt diese um. Wissenschaftler und Regisseur sind in der Regel in Welten unterwegs, die der Unternehmenswelt fremd sind. Unternehmenstheater will aber Unternehmen erreichen. Hier kommt der Manager ins Spiel.

Die Autoren verfolgen daher keinen theaterwissenschaftlichen Ansatz, auch wenn ihnen die Diskurse bekannt sind. Sie wollen vielmehr von der pragmatischen Ebene einen Blick von außen einnehmen und eine neue Form von Führungstraining vorstellen.

Wie Improvisation und Führung zusammengehen können, wollen die Autoren hier nur ansatzweise beschreiben und dem Leser lieber Lust machen, sich selbst auszuprobieren.

Leipzig und Wiesbaden, Deutschland　　　　　　　　　　Hans Joachim Hoppe
im Januar 2017　　　　　　　　　　　　　　　　　　　　　Jürgen Jünger
　　　　　　　　　　　　　　　　　　　　　　　　　　　　　Tilo Esche

Inhaltsverzeichnis

Unternehmen und Theater

Ändere die Welt. Sie braucht es.
Bertolt Brecht

Theater hat über die Jahrhunderte an Faszination nicht verloren. Theater hat etwas Altehrwürdiges und Modernes zugleich. Theater schafft es immer wieder, sich zu wandeln. Theater ist ein Botschafter und erzeugt für den Zuschauer eine Atmosphäre des Wohlfühlens und des Vertrauens. Ein idealer Rahmen für Unternehmen?

1.1   Was Unternehmen von Theater lernen können

Wieso eigentlich sollten Sie sich mit Improvisation beschäftigen? Und wieso sollten Sie sich dazu gerade in die Hände eines Unternehmenstheaters begeben? Ist das wirklich notwendig? Unterstützt das Ihr alltägliches Handeln?

Unternehmen schaffen sich eine Organisation, indem sie ihren Aufbau strukturieren, ihre Prozesse standardisieren und ihr kooperatives Handeln Regeln unterwerfen. Damit geben sie sich Stabilität. Und mit dieser Stabilität erwarten sie, dass sie im Kampf ums Überleben langfristig erfolgreich bleiben.

Jedoch entfernt sich das Umfeld eines Unternehmens zunehmend von Zuständen der Stabilität. Die Halbwertszeit von Wissen sinkt stetig. Technische Innovationen und Produktinnovationen wechseln in sich verschärfenden Tempi der Innovationszyklen. Märkte wachsen, schrumpfen, entstehen und verschwinden. Die Umwelt wird immer unberechenbarer und der Erfolg von Entscheidungen immer unsicherer. Unternehmen sind zunehmend mit unvorhersehbaren und unerwarteten Ereignissen konfrontiert, die schnelle Antworten und Entscheidungen erfordern.

© Springer Fachmedien Wiesbaden GmbH 2017
H.J. Hoppe et al., *Wie Unternehmen von Theater profitieren können*,
essentials, DOI 10.1007/978-3-658-17510-8_1

Mit den sich ändernden Umweltbedingungen haben sich auch die Herausforderungen an Führung geändert.

Es scheint Einigkeit darin zu bestehen, dass Führung eine schwierige Profession geworden ist, ja überhaupt eine Profession geworden ist. Malik fordert zu Recht, Führung endlich als Beruf anzuerkennen und entsprechend auszubilden. Denn: „Wenn Piloten so ausgebildet wären wie Führungskräfte, würde ich in kein Flugzeug steigen" [21].

Daher lohnt die Frage, worin die aktuellen Herausforderungen bestehen und inwieweit Improvisation Führung unterstützen kann, ja ohne Improvisation nicht mehr funktioniert.

Wir wollen drei folgenreiche Phänomene betrachten: erstens Komplexität, zweitens Organisation im Wandel, drittens Organisation als Organismus.

Komplexität Wir leben im Zeitalter überbordender Komplexität. Jeder redet von Komplexität. Komplexität erzeugt Druck. Komplexität führt zu Orientierungsverlust. Komplexität stellt infrage, was bislang als selbstverständlich galt: Planung, Zielbestimmung, Strategie, Strukturbildung, Standardisierung, Regeln, Kontrolle …

Was aber ist Komplexität? Und was sind ihre Folgen? Komplexität heißt, dass sich unsere Welt(en) in wachsendem Tempo ausdifferenzieren (Individualisierung, Pluralisierung …) und alles Differente miteinander zusammenhängt, sich wechselseitig bestimmend. Analysierbarkeit und lineare Zuschreibung von Ursachen werden immer schwieriger. Jede Ursache ist Wirkung, jede Wirkung Ursache. Alles, was wir tun, hat Neben- und Fernwirkungen (und Rückwirkungen!), die in ihrer Verkettung nicht mehr überschaubar sind. Unser über Jahrhunderte entwickeltes rationales Instrumentarium versagt seinen Dienst. Unsere Welt(en) werden immer rätselhafter – aber auch zauberhafter, eben „systemisch". Unsere Welt(en) sind unberechenbar geworden, unsere Entscheidungen unsicher und unsere Zukunft ungewiss. Verzweifelt begegnen wir der Komplexität lediglich mit Reduktionen, nicht selten der Illusion folgend, dagegenhalten zu können („Simplify your Life").

Organisation im Wandel Seit Beginn der betriebswirtschaftlichen Organisationslehre verbindet sich Organisation mit einem Zustand von Ordnung und Stabilität – als Bedingung des langfristigen Überlebens von Unternehmen. Ein Regelwerk von Strukturen, Standards und Organisationsregeln sorgt dafür, dass sich Gleiches, Bewährtes stetig wiederholt. Improvisation galt in diesem weiten Feld von Gewohnheit und Routine als der Sonderfall, der Reparaturfall für überraschende Instabilitäten.

Heute aber hängt das Überleben der Unternehmen nicht mehr an der Stabilität, sondern an der Innovation, der Verkürzung der Zeit bis zur nächsten Innovation und an der Veränderung durch dieselbe. Permanente Destabilisierung ist angesagt, um langfristige Stabilität zu sichern. Hinzu kommt der Abschied von der idealen Organisation. Strukturen, Standards und Regeln sind nicht länger idealtypischer Rahmen für unternehmerische Aktivitäten, sondern „Material" situationsgerechter Gestaltung.

Organisation als Organismus Gleichzeitig beginnen wir zu verstehen, dass unsere Unternehmen keine maschinenartigen Wesen sind, als die sie Frederick Taylor beschrieb. Wir drehen an verschiedenen „Stellschrauben", und doch bewegt sich die „Maschine" in eine scheinbar entgegengesetzte Richtung. Wir beginnen zu verstehen, dass unsere Unternehmen eher Organismen sind, die sich nicht in ihre Elemente zerlegen lassen. Wir beginnen zu verstehen, dass wir also nicht an den Elementen arbeiten müssen, sondern an den Beziehungen. Und das heißt letztlich, an der Kommunikation. Kommunikation ist ein weicher Faktor mit harten Konsequenzen.

An die Stelle des Managers tritt der professionelle Mitarbeiter, und an die Stelle von Steuerung und Kontrolle die Selbststeuerung und Selbstkontrolle der Mitarbeiter als intelligente Organe eines intelligenten Organismus. So weit, so gut. Löst sich mit dem Management auch die Führung von Menschen auf? Mitnichten! Gerade weil die modernen Unternehmen nicht zum Bild der Maschine passen, sondern als soziale Organisationen gelten, brauchen sie Führung, denn sie brauchen Entscheidungen, Koordination, Sinn und Zukunft.

Müssen Unternehmen demzufolge ihre Stabilität aufgeben? Nein! Sie müssen zwischen Stabilität und Instabilität balancieren. Am Rande des Chaos [34, 44]. Und müssen Unternehmen ihre Regeln aufgeben? Natürlich nicht! Sie bedürfen anderer Regeln. Regeln, die ihnen gestatten, auf Unerwartetes und Unvorhersehbares schnell und angemessen zu reagieren – unter anderem Regeln der **Improvisation.**

Hier kommt Theater ins Spiel. Theater eignet sich für das Lernen von und in Unternehmen, weil es mindestens **drei Brücken** anbietet.

Die erste Brücke finden wir bereits bei Bertolt Brecht. „Ändere die Welt. Sie braucht es." Die berühmte Aufforderung Brechts ist gleichsam sein ästhetisches Programm. Nun kann Theater die Welt nicht verändern. Aber es kann dem Zuschauer den Zustand der Welt als veränderbar zeigen. Und kann im Zuschauer die Bereitschaft erzeugen, eben nicht mehr nur zuzuschauen, nach Brecht „romantisch zu glotzen", sondern zu handeln. Brechts episches Theater bricht mit der Tradition des aristotelischen Theaters, dass sich der Zuschauer in die Figuren auf der

Bühne einfühlt. Die bewusste Differenz zwischen Figur und Schauspieler (in der Konsequenz auch zwischen der Welt und der Bühne, deren Bretter wohl die Welt bedeuten, nicht aber die Welt sind) ermöglicht dem Zuschauer, etwas zu erkennen, was er als Teil der Welt (aus der Teilnehmerperspektive) nicht zu sehen vermag.

Hätte Brecht den Konstruktivismus gekannt, hätte er seine Idee vermutlich anders beschrieben. Dass die Menschen in ihrem Kopf nicht objektive Realität abbilden, sondern je ein eigenes Bild der Wirklichkeit aus ihrer Beobachtung konstruieren („Beobachter erster Ordnung"). Dabei passiert Handeln häufig reflexhaft und nur selten reflexiv. Sie zu reflexivem Denken anzuregen und zu befähigen, braucht in der Lernphase einen „Beobachter zweiter Ordnung", der den Beobachter erster Ordnung beim Beobachten beobachtet und sieht, was dieser sieht, aber auch sieht, was dieser nicht sieht [19].

Insofern Brechts Theater diese Beobachtung zweiter Ordnung ermöglicht, ist es supervisorisch. Dabei wollen wir unter Supervision verstehen, dass ein Beobachter zweiter Ordnung dem Beobachter erster Ordnung einen Unterschied anbietet, der dessen Möglichkeitsfeld erweitert. Supervision erweitert

- **erstens** den Horizont von Wahrnehmung durch das Einblenden ausgeblendeter Wahrnehmungen,
- **zweitens** die Zuschreibung von Bedeutungen für das Wahrgenommene und damit das Verständnis von Sinn und
- **drittens** die Möglichkeiten des Handelns, den Spielraum von Handlung im ebenso gemeinten Sinn, sodass der Betroffene angeregt ist, mit verschiedenen Möglichkeiten des Handelns zu „spielen".

▶ **Der supervisorische Blick von Theater initiiert Veränderungen in Unternehmen und bietet diesen einen weiten Horizont von Möglichkeiten.**

Eine zweite Brücke bietet das **Performativitätskonzept** von Erika Fischer-Lichte [7].

Der Sprechakttheorie von Austin [2] folgend, behauptet das Konzept der Performativität, dass Theater nicht nur Wirklichkeiten erzählt, sondern Wirklichkeiten erzeugt. Auf der Bühne wird nicht über eine Wirklichkeit jenseits der Bühne gesprochen, sondern es wird eine Wirklichkeit kommunikativ konstruiert. Hierin geht das Performativitätskonzept über Brecht hinaus, insofern Theater nicht nur die Welt zeigt, wie sie ist und veränderbar ist, sondern auf der Bühne eine Welt entsteht.

Akzeptieren wir endlich, dass Unternehmen keine maschinenartigen Konstrukte sind, die sich aus zweckbestimmten Aufgaben zusammensetzen, und verstehen wir den Gedanken von Karl E. Weick [42], dass Organisationen aus der Verknüpfung von Kommunikationsakten entstehen:

„A" kommuniziert eine Erwartung an „B", die dieser annimmt, wenn auch „A" die Erwartung von „B" annimmt.

Unternehmen werden also nicht durch Kommunikation „komplettiert", sondern erzeugt. Ist dem so, können wir mittels Theater Unternehmenswirklichkeiten konstruieren, verändern.

▶ **Performativität von Theater heißt Veränderungen in Unternehmen durch Theater.**

Bernd Schmid [27] bietet mit **Theater als Metapher** eine dritte Brücke an:

Er beschreibt das Leben von Individuen, Teams und Organisationen mit der Theatermetapher, d. h., das Leben kann als Gegenstand von Inszenierung gedacht werden. Die Theatermetapher gestattet, intelligente Fragen zu stellen, deren Beantwortung von lebenspraktischer Bedeutung sein kann:

- In welchem Stück spiele ich überhaupt?
- Welche Rolle(n) nehme ich in diesem Stück ein?
- Kommen die Rollen eher auf mich zu oder sind sie gewählt?
- Welche Rolle könnte ich auch einnehmen?
- Auf welcher Bühne spielt das Stück?
- Gehört es vielleicht auf eine andere? Auf die Nebenbühne oder auf die Probebühne?
- Welche Themen werden da behandelt?
- Welches Thema passt am besten zu mir? Welche Themen sind mir wichtig?
- Sind die wichtigen Themen auch wirklich wichtig? Könnte es spannendere Themen geben? Oder bewegendere? Oder erfolgreichere?
- Und in welchem Inszenierungsstil wird das Stück meines Lebens gespielt? Als Tragödie? Als Lehrstück? Kann ich es auch neu erzählen, als Komödie vielleicht?

In der Kombination der Fragen und der unterschiedlichen Antworten darauf konstruiere ich denkbare Lebenswege mit erlebtem und gewolltem Sinn.

Das Benutzen der Theatermetapher hilft Menschen, zu ihrem Leben eine Subjektposition einzunehmen, Leben nicht als Notwendigkeit, Gesetzmäßigkeit, Zwang oder Schicksal zu sehen, sondern Leben als eigene Inszenierung, Gestaltung, Gestalt zu verstehen.

▶ **Theater als Metapher ist eine dritte Möglichkeit, Veränderungen in Unternehmen zu gestalten.**

Treffen Menschen (mit ihren unterschiedlichen Lebensinszenierungen) aufeinander, in Teams oder Organisationen, um eine gemeinsame Wirklichkeit kooperativen Handelns zu konstruieren, erhält die Theatermetapher, die gemeinsame Inszenierung besondere Bedeutung. Die Klärung des Stücks, die Klärung von Rollen, das Festlegen geeigneter Bühnen, die Auswahl und Verteilung von Themen und das Finden eines einheitlichen Inszenierungsstils für die unterschiedlichen Spieler sind nicht nur geeignete Metapher für eine kooperative Gemeinschaft, sondern zugleich Modell für einen spielerischen Lernprozess.

Die Theatermetapher hilft uns, eine Brücke zu Unternehmenstheater und Improvisationstheater zu schlagen.

1.2   Unternehmenstheater – ein kritischer Blick

Was heißt, was ist, was will Unternehmenstheater?
Für Unternehmenstheater gibt es keine konsistente Theorie. Wir können Unternehmenstheater allgemein als bedarfsorientiertes Theater verstehen. Hierin liegen gleichermaßen Chance und Problem. Die Chance liegt in der Bereitschaft des Unternehmenstheaters, das Interesse des Unternehmens zu bedienen. Das Problem darin, dass die Unternehmen oftmals ihre Interessen zu wenig kennen, geschweige denn formulieren können. Vor allem aber verkennen sie das Potenzial von Unternehmenstheater. Dadurch verkommt Unternehmenstheater nicht selten zur bloßen Illustration von Managementzwecken. Das heißt, der Zweck wird in einer appetitlichen Form serviert, die bereitwillig angenommen und verdaut wird. Management setzt damit auf den Unterhaltungscharakter von Theater und nutzt es gemäß dem römischen Herrschaftsritual „Brot und Spiele".

Das Unternehmenstheater kennt heute verschiedene Formen und Ausprägungen. Je nach Historie des Theaters und der Ausbildung ihrer Macher lassen sie sich in drei Formate einordnen:

Einfache Formate des Unternehmenstheaters sind professionelle Aufführungen zwischen Kabarett, Schauspiel und musikalischen Formaten zur Motivation und Unterhaltung der Belegschaft. Zwar schließen diese Formate eher an die aristotelische Theaterauffassung der moralisch-pädagogischen Anstalt nach Friedrich von Schiller [26] an. Das Riesenpotenzial von Theater, ein Spiel mit Ganzheitlichkeit zu sein, Ganzheitlichkeit von Geist und Körper, von *ratio* und *emotio* und von Bewusstem und Unbewusstem, wird dabei genutzt, ohne dass es dem Management unbedingt klar sein muss, welches Potenzial sie da „ausbeuten".

Qualifizierte Formate werden gemeinsam mit den Mitarbeitern der Unternehmen entwickelt und zielen auf deren Arbeitssituationen sowie auf Entwicklung und aktuelle Veränderungen im Unternehmen. Ein breites Anwendungsfeld ist die Teamentwicklung, häufig gerade in Konflikt- und Krisensituationen. Mitarbeiter und Führungskräfte des Unternehmens werden zu Mitwirkenden im Theater. Das Theaterspiel bietet Raum und Gelegenheit, mit den Mitteln des Theaters Situationen, Prozesse sowie Handlungsoptionen zu entwickeln und zu erfahren bzw. auch für den Alltag zu proben. Bereits hier werden punktuell auch Mittel des Improvisationstheaters benutzt.

Trainingsorientierte Formate richten sich auf spezifische Fähigkeiten und Fertigkeiten der Wahrnehmung, der Kommunikation, des Umgangs mit Status und Rolle, der Kreativität usw. Auch hierbei setzt Unternehmenstheater auf das Potenzial der Ganzheitlichkeit, aber auch auf das Potenzial von Spiel und Unterhaltung.

Die drei Formen stellen in dieser Folge steigende Anforderungen an die Macher, weshalb in der Praxis am häufigsten die einfachen Formen anzutreffen sind. So unterhaltsam Unternehmenstheater in dieser Form auch ist, es hat einen entscheidenden Nachteil: Unternehmenstheater in der einfachen Form bleibt auf der Stufe Event stehen. Die Brücke vom Event zur Prozessbegleitung fehlt. Selbst Unternehmenstheater, die eine breite Palette vom Event bis hin zu Coaching und Supervision anbieten, trennen diese Themen schon optisch auf ihrer Website und folglich auch inhaltlich.

Unternehmenstheater als Event ist eine Art „flüchtige" Kunst. Am Ende staunen zwar alle über das Ergebnis, doch der Prozess, wie das Ergebnis zustande gekommen ist, wird nicht betrachtet. Dabei war es erst der Prozess, der das Ergebnis ermöglichte. Unternehmenstheater als Improvisationstheater braucht also die Reflexion, denn der Event kann nur zeigen, „was" möglich ist und nicht das „Wie". Das „Wie" muss gelehrt werden. Und genau hier bietet sich das Unternehmenstheater mit seinen Mitteln an. Unternehmenstheater könnte also weitaus mehr leisten.

Warum bleibt es dann häufig beim Event? Noch dazu, wenn Kosten und Aufwand des Events meist in keinem Verhältnis zu dessen Ergebnis stehen. Somit ist doch die Frage zu stellen, was an den Angeboten der Macher fehlt, um die hohe Anfangsinvestition in eine laufende Amortisation zu überführen.

Nach unserer Beobachtung werden mit Unternehmenstheater zu selten Führungskräfte adressiert. Damit kann die nötige Brücke in Richtung Führung nicht geschlagen werden. Das hat verschiedene Gründe, die sich maßgeblich in den unterschiedlichen Erwartungshaltungen wiederfinden.

Auftraggeber versus Auftragnehmer Das Unternehmenstheater muss sich an den Herausforderungen orientieren, vor denen Organisationen und Unternehmen gleichermaßen stehen: Mitarbeiterführung, Teamentwicklung, Konfliktlösung, Produktentwicklung, Organisationsentwicklung, Vertrieb und Controlling. Wir wollen das an einem Beispiel verdeutlichen.

Praxisfall

Die Ziele stehen fest, nun geht es darum, die Mitarbeiter zu gewinnen

Ein internationaler Autobauer beauftragt ein Unternehmenstheater mit einer Aufführung zum Thema Ziele und Ergebnisorientierung. Eine Auftragsklärung hat stattgefunden, d. h., die Erwartungshaltung des Kunden wurde aufgenommen.

Im vorliegenden Falle wollte der Auftraggeber seine Mannschaft auf ein schwieriges Jahr und harten Wettbewerb einschwören, um alle Kräfte zur Erreichung der „von oben" vorgegebenen Konzernziele zu mobilisieren. Anders ausgedrückt, das Management wollte die eigene Aufgabe, nämlich die Mitarbeiter zu beteiligen und eine gemeinsame Aufbruchstimmung zu erzeugen, an einen Dritten delegieren oder unverblümt gesagt, aus Unwissenheit/ Hilflosigkeit (wir wollen mal Bequemlichkeit oder gar Feigheit ausschließen) auf diesen abwälzen.

Das Urteil des Managements nach dem Event fiel hervorragend aus. Doch zwei Wochen später, während eines erneuten Gespräches zur Weiterführung dieser „Maßnahme", war das Urteil plötzlich deutlich verhaltener und die Fortsetzung wurde „vertagt".

Was war passiert? Mitarbeiter und Fachkräfte waren noch nie so gut gebildet wie heute und merkten bereits nach kurzer Zeit, was hier transportiert werden sollte. Ihr eigenes Anliegen kam nicht zur Sprache. Ein müdes Schmunzeln und verschränkte Arme, also eine Abwehrhaltung, und die entsprechende Rückmeldung der Mitarbeiter an das Management waren die Folge. Selbstwahrnehmung und Fremdwahrnehmung klafften hier beim Management weit auseinander. Um nicht „noch mehr Schaden anzurichten", hatte sich das Urteil zwei Wochen später zum Gegenteil gewandelt. Kurzum, Ziel verfehlt. Wer trägt hier die Verantwortung?

An diesem Beispiel wird die zweigeteilte Aufgabe des Unternehmenstheaters deutlich. Zum einen ist natürlich der Auftrag des Auftraggebers zu erfüllen. Dieser kann wiederum nur erfüllt werden, wenn auch die Kritiker (in diesem Falle der von Jahr zu Jahr steigenden Zielvorgaben) zu Wort kommen. Die Mitarbeiter dürfen zu Recht erwarten, dass – eine Würdigung der vorangegangenen Leistungen vorausgesetzt – ihnen ihr Arbeitgeber sagt, **warum** sie die hochgesteckten

Ziele erreichen müssen, auch wenn er noch nicht sagen kann, **wie** sie diese erreichen können.

Worüber also sollte sich der Auftraggeber in diesem Zusammenhang Gedanken machen? Zum Beispiel über die scheinbar simple Frage, was Ziele heute noch wert sind, wenn sich „alle naselang" etwas ändert. Die Antwort des Managements lautet dann in der Regel, dass die Ziele vom Top-Management vorgegeben seien und nicht zur Diskussion stünden, sondern lediglich die Diskussion zu führen sei, **wie** die Ziele am besten erreicht werden könnten. Und das soll gefälligst im Unternehmenstheater „gemeinsam" erarbeitet werden.

Und der Auftragnehmer? Um den Auftrag zu verstehen und erfolgreich auszuführen, muss sich Unternehmenstheater in die Unternehmensprozesse hineindenken. Für das Schreiben eines Drehbuchs, das allen Seiten gerecht wird, benötigt der Regisseur einen „Dolmetscher", der ihm die Erwartungshaltung in seine Sprache übersetzt, und einen „Fachmann", der die aktuellen Diskussionen der Wirtschaftstheoretiker dazu kennt.

Das ist sicherlich die wichtigste Herausforderung für Unternehmenstheater in der Zusammenarbeit mit dem Auftraggeber. Daneben wirkt das **Aufräumen mit Vorurteilen** eher einfach, doch entpuppt es sich in der Praxis als ebenso wichtig, um ein gemeinsames Verständnis zwischen Auftraggeber und Auftragnehmer zu erzielen. Hier einige Beispiele für Vorurteile:

Improvisation „Das ist doch eher der Reparaturfall. Schraube festziehen und weiter geht's."

Ganz davon abgesehen, dass hier der Begriff Improvisation umgangssprachlich verstanden wurde, was mit dem von uns verwendeten Begriff nichts gemein hat: Bedeutet Führung wirklich „schrauben"? Zumal es bei der heutigen Komplexität nicht mehr nur eine Schraube gibt. Das ist doch eher vergleichbar mit einem Speichenrad, ziehe ich eine Speiche am Rad fest, verzieht es sich auf der anderen Seite. Dahinter verbirgt sich System. In diesem Sinne ist auch Führung längst *systemisch* geworden. Wie also lässt sich der systemische Gedanke im Unternehmenstheater darstellen?

Entscheidungen „aus dem Bauch" „Wer eine Entscheidung aus dem Bauch heraus trifft, hat doch offenbar sein Handwerk nicht gelernt!"

Müssen wir Unentscheidbares entscheiden, hilft uns nur der Bauch. „Bauch" ist hier eine Metapher und nicht, was aktuell mit dem etwas unglücklichen Begriff des „Bauchhirns" diskutiert wird, das keine Entscheidungsinstanz ist, sondern lediglich Informationen verarbeitet und an das „Kopfhirn" weiterleitet. Die Bauchentscheidung oder besser die intuitive Entscheidung ist nicht irrational, wie gelegentlich unterstellt. Sie basiert auf Rationalem, Emotionalem, praktischen Erfahrungen, Unter- bzw. Vorbewusstem, Körpergefühl, sozialen Einflüssen – nicht zuletzt auf dem Potenzial des Augenblicks. Dass intuitive Entscheidungen für komplexe Gegebenheiten geeignet sind, weil sie selbst komplex begründet sind, macht sie noch lange nicht zu richtigen, sondern eben nur zu geeigneten Entscheidungen.

Eine Warnung aus dem Bauch kann in bestimmten Situationen durchaus lebensrettend sein. Jedoch muss heute im Management oftmals in komplexen Situationen entschieden werden, in denen keinerlei Erfahrungen vorliegen, dafür aber ein hohes Risiko. Das „fehlende" Bauchgefühl kann hier die Suche nach alternativen Lösungswegen verstellen. Das mag auch eine Erklärung für die „langen Entscheidungsbänke" bei Managern sein.

Akzeptanz „Ich lasse mich doch nicht bloßstellen!"

Improvisation bedeutet immer auch scheitern können und erfordert daher Mut. Mut, sich einer Improvisation zu stellen. Hier ist ein guter Regisseur gefragt, der den Teilnehmern die Hemmung oder gar die Vorurteile nimmt, die Bühne zu betreten und sich damit „bloßzustellen". Dabei hilft es, die Rolle des geschützten Raumes, in dem die Improvisationen stattfinden, herauszuarbeiten. Das kann nur überzeugend funktionieren, wenn alle Teilnehmer einbezogen werden und einen Gewinn am Mitwirken für sich persönlich sehen. Sobald sich jemand ausnehmen oder verstecken kann, kann dieser sich auch klüger denken. Die Ein-bildung wird dann die einzige Bildung sein, die dieser aus der Veranstaltung mitnimmt.

1.3   Improvisationstheater

Was heißt, was ist, was will Improvisationstheater?
Der Begriff der Improvisation geht auf das italienische Adjektiv „improvviso" zurück, das zunächst mit „plötzlich" und „unerwartet" übersetzt werden kann. Das spätere Verb „improvvisáre" wird in Kontexten für eine Situation verwendet, in der sich etwas Unerwartetes ereignet und die eine schnelle Handlungsentscheidung erfordert, um angemessen zu reagieren.

Im deutschen Sprachraum wurde dafür nach Lösel [20] der Begriff „aus dem Stegreif" geprägt. Danach handelt es sich um eine Tätigkeit, die in Eile und daher ohne Vorbereitung und ohne großen Aufwand durchgeführt wird, also ebenfalls um eine spontane und kreative Handlung.

Und Spolin beschreibt Improvisation als „das Spiel spielen; ein Problem ohne vorgefasstes Konzept lösen, die gesamte (…) Umgebung bei der Lösung des Problems mitarbeiten lassen …" [31].

Wird Unternehmenstheater für die spezifischen Bedarfe von Unternehmen gemacht, ist es zunächst „normales" Theater, das heißt inszeniertes Theater, dessen Ergebnis (die Aufführung) wiederholbar ist. Demgegenüber ist Improvisationstheater eine grundsätzlich andere Form von Theater, als nicht inszeniertes und damit auch nicht wiederholbares Theater. Improvisationstheater ist klar **prozessorientiertes** Theater. Genau das macht es interessant für Organisationen, deren generelles Problem heute immer mehr die Prozesse sind.

Improvisationstheater ist nicht nur als Theater für professionelle Schauspieler gedacht, sondern auch als Theater für Laien. Der Spieler muss kein Schauspieler sein in dem Sinn, dass er eine spezifische Kunst zur Schau stellt. Er agiert mit seinen Fähigkeiten zum Spielen, zur Kreativität, zur Spontanität und zur Kooperation, die jeder Mensch besitzt. Er agiert auf einer Bühne, die nicht im strengen Sinne Theaterbühne, sondern eher Spielraum ist. Und er agiert nicht für Zuschauer, sondern mit Zuschauern, die damit keine Zuschauer mehr sind, sondern Mitakteure.

Die ersten Anfänge des Improvisationstheaters gehen auf die *commedia dell'arte* zurück, aber erst Jewgeni Wachtangow [11] entwickelt 1918 bis 1922 die ersten konzeptionellen Gedanken zum Improvisationstheater. Für Wachtangow, den man eine Art Urvater des Improvisationstheaters nennen kann, durchbricht das Improvisationstheater nicht nur die Grenze zwischen „Schauspieler" und „Zuschauer", sondern überhaupt die Grenze zwischen Theaterwelt und wirklicher Lebenswelt.

Den eigentlichen Beginn des Improvisationstheaters setzt Jacob Moreno [22] mit seinem Stegreiftheater (1921–1923). Moreno macht erste Erfahrungen mit Experimenten von Kinderspielen und erkennt im kindlichen Spiel das eigentliche Ideal von Theater. Er betont, dass dem Menschen in seinem Leben stegreifartig Situationen zustoßen, denen er unterschiedlich begegnen kann, entweder gewohnheitsmäßig, mechanisch oder aber schöpferisch-spontan, das Mechanische radikal brechend. In seinem Stegreiftheater geht es um den Umgang mit Situationen als Spontaneitätslagen durch spielerischen und vor allem vorsprachlichen Umgang, der auch die kreativen Potenziale des Unbewussten betont.

Viola Spolin [31], die ab den 1940er Jahren mit Improvisationsmethoden arbeitet, stellt in den Mittelpunkt die Spontaneität und das Lernen aus Erfahrung. Der reflexive, theoretische, wertende Blick ist für sie störend. Das Theaterspiel als kommunikatives Beziehungsspiel entsteht, wenn sich Spieler und Zuschauer auf einen inhaltlich nebensächlichen Gegenstand konzentrieren, den „point of concentration".

Ähnlich wie Moreno sieht Keith Johnstone [14] im kindlichen Spiel das Ideal des spontanen Spiels und „Kinder nicht als unreife Erwachsene (…), sondern Erwachsene als verkümmerte Kinder". Obwohl uns Spontaneität im wahrsten Sinne des Wortes „in die Wiege gelegt" wurde, haben wir sie im Laufe unserer Sozialisation verloren. Bereits im Kindes- und Jugendalter werden von uns Anpassungsleistungen verlangt, die dazu führen, dass wir unsere Spontaneität verlieren. Wir müssen also Spontaneität zunächst wieder erlernen. Seit Watzlawick wissen wir, dass das nicht mit der Aufforderung „Sei spontan!" getan ist. Erst Spontaneität führt dazu, dass die Abwehrhaltung der Fantasie weicht und sich Improvisation ohne Widerstände selbstorganisierend entwickeln kann. Dann werden das Unbewusste, die Emergenz und der Zufall zu Quellen der Kreativität.

Johnstones zentrales Interesse gilt dem Statusverhalten, das er aus der Verhaltenswissenschaft [17] auf das Theaterspiel überträgt. Rollentheoretisch ist der Status das Pendant zur Rolle als Verhaltenserwartung und als solches der verliehene oder zugewiesene soziale Rang. Diesen sozialen Status meint Johnstone jedoch nicht. Ihm geht es um den interaktionalen Status. Wann immer wir kommunizieren, nehmen wir bewusst oder unbewusst einen Status ein, der zwischen Hoch- und Tiefstatus liegt. Dieser Status ist eher emotional intendiert und bringt den Kommunikationspartner in einen gegensätzlichen Status. Erhöhen wir den eigenen Status, senken wir „automatisch" den Status unseres Gegenübers. Johnstone nennt das die „Statuswippe". Spielen wir mit dem interaktionalen Status bewusst, dann um ein bestimmtes Ziel zu erreichen.

In Johnstones Improvisationstheater werden keine Witze gerissen, sondern Geschichten erzählt. Die Geschichte muss sich nach vorn entwickeln, ohne nach vorn gedacht werden zu können. Dieser scheinbare Widerspruch zur Planung in Unternehmen muss Führungskräften zunächst erläutert werden. Wie gebe ich einer Geschichte Struktur, ohne zu wissen, worauf sie hinausläuft? Indem ich immer wieder zurückschaue, wo sie herkommt. Zu Beginn einer Geschichte werden eine Menge neuer Elemente eingeführt, die den stabilen Zustand des Beginns zunehmend destabilisieren. In das sich entwickelnde Chaos kommt Struktur, indem auf frühere Elemente zurückgegriffen und – iterativ – mit anderen assoziiert wird. Das schließt ein, dass in die Geschichte zunächst Rätsel eingebaut werden, die später gerechtfertigt werden. Unternehmenstheater als Improvisationstheater greift diese Regel auf.

Ein für die Nutzung des Improvisationstheaters für Unternehmen wichtiger Theoretiker ist Del Close, der als Koautor mit Halpern [12] wesentlichen Anteil an der Einbeziehung systemtheoretischer Ansätze, insbesondere des Themas „Emergenz", in das Konzept von Improvisationstheater hat. Zwei bedeutende Implikationen sollen genannt sein.

Erstens verweist Close auf das systemische Phänomen eines „collective mind". Vor dem Hintergrund des Ideals der Subjektlosigkeit wird das Ensemble zum kollektiven Akteur (Subjekt) des Denkens und Handelns. Die Gruppe denkt mit einem Kopf.

Zweitens erzeugt auch das Spiel emergente Effekte, indem das Spielen „Patterns" (ein Begriff aus der Musik, speziell aus dem Jazz), also Muster erzeugt, die jeweils ein bestimmtes Spiel definieren. Emergenzen sind weder vorhersehbare noch planbare Beziehungsqualitäten des Ganzen, die nur aus dem Ganzen, nicht seinen Teilen, erklärbar sind. Das Spiel erzeugt Spiele.

Halten wir nach diesem kleinen Ausflug in die Geschichte des Improvisationstheaters fest, dass die veränderten Rahmenbedingungen unserer Welt neue Herausforderungen an Führung stellen, die mit den hergebrachten Mitteln nicht mehr zu bewältigen sind. Was gestern noch erfolgreich war, kann heute mit den gleichen Mitteln scheitern. Theater bietet mehrere Brücken an, über die Unternehmen von Theater lernen können.

Doch „bedarfsorientierte Inszenierungen" gehen am Wesen von Unternehmenstheater vorbei und lassen das Potenzial nicht zur Entfaltung kommen.

▶ **Nachhaltigkeit, systemischer Ansatz und die Brücke zum Führungsprozess bleiben meist außen vor.**

Es werden demzufolge andere Inszenierungen benötigt, die viel stärker die neuen Herausforderungen an Führung in komplexen Situationen reflektieren.

Führung und Improvisation 2

> *Das Theater darf nicht danach beurteilt werden, ob es*
> *die Gewohnheiten seines Publikums befriedigt, sondern*
> *danach, ob es sie zu ändern vermag.*
>
> Bertolt Brecht

2.1 Das Potenzial von Improvisation

Bevor wir zeigen, was Führung als Improvisation heißt, wollen wir das Potenzial vorstellen, das Improvisation überhaupt hat.

Erstens Improvisation ist kein vorübergehender Zustand, der sie von der Organisation als dauerhaftem Zustand unterscheidet, wie es die ökonomische Theorie gern definiert. Improvisation ist ein **Prozess.**

Zweitens Improvisation ist der Prozess des **Reagierens** auf Ereignisse in der Umwelt, die unerwartet eintreten und – aus welchen Gründen auch immer – eine sofortige Antwort verlangen.

Drittens Improvisation ist ein Prozess, der deswegen **ohne Vorbereitung** erfolgt. Das muss nicht Planlosigkeit bedeuten. Plan und Handlung stehen aber nicht in einer Relation von vorher und nachher. Der Plan ist vielmehr ein kognitives Ordnungsmuster, das die Handlung begleitet und im Handeln sich zugleich auch verändert.

© Springer Fachmedien Wiesbaden GmbH 2017
H.J. Hoppe et al., *Wie Unternehmen von Theater profitieren können,*
essentials, DOI 10.1007/978-3-658-17510-8_2

Viertens Insofern Handeln nicht Umsetzung eines vorgedachten Plans ist, wird es spielerisch. Improvisation ist ein **Spiel** mit verschiedenen Handlungsmöglichkeiten und somit per se ein kreativer Prozess der Suche.

Nach diesem begrifflichen Zugang zu Improvisation lohnt sich die Frage, woraus genau Unternehmen ihren Nutzen ziehen, wenn sie sich auf Improvisation einlassen. Wir wollen dieser Frage im Zusammenhang mit fünf zentralen Phänomenen von Improvisation nachgehen: **Kreativität, Spontanität, Muster, Risiko** und **Kollaboration.**

Kreativität wird zumeist als eine exklusive Eigenschaft weniger Menschen dargestellt, die sich mit ideenreich, geistreich oder erfinderisch verbindet. Kreativität ist die spezifische Weise des Menschen, sich Umweltveränderungen aktiv anzupassen. Eine Eigenschaft, die zunehmend von existenzieller Bedeutung ist, soweit Umweltveränderungen an Tempo und Tragweite zunehmen. Mitnichten hängt also Kreativität an der Originalität oder Genialität auserwählter Individuen, sondern ist vielmehr eine Eigenschaft, die jedem Menschen zugeschrieben werden kann. Diese wird jedoch im Rahmen unserer Sozialisation zunehmend verdrängt. Johnstone [14] plädiert daher berechtigt für das Wiedererwecken „kindlichen Denkens", das einen engen Bezug zur kindlichen Neugier hat. Wir müssen wieder neugierig werden, um kreativ sein zu können. Moreno [22] bezeichnet die Kreativität sogar als die Ursubstanz und die Spontaneität als den Urkatalysator menschlichen Handelns.

Spontaneität wird im Alltagssprachgebrauch zumeist reduziert auf die gelegentliche Neigung zu unkontrolliertem, unbedachtem Handeln. Der Wortherkunft folgend handelt es sich aber auch hier um eine Grundeigenschaft des Menschen, die wesentlich ein Handeln aus eigenem Antrieb, nach eigenem Willen meint, ohne Fremdkontrolle mittels Regeln, Normen oder Konventionen. In der Improvisation ist der Akteur letztlich auf sich selbst gestellt. Er muss handeln, ohne Rückversicherung und Fremdsteuerung.

Dabei folgt Spontaneität keinem Plan, sondern ist die Fähigkeit, auf den Moment zu reagieren, sich bietende Gelegenheiten zu nutzen. Wir können davon ausgehen, dass immer wieder Situationen entstehen, in denen sich plötzlich ein Kosmos von Möglichkeiten öffnet, von denen genau eine und genau in diesem Moment ergriffen werden muss, obwohl nicht vorhersehbar ist, wohin sich diese Möglichkeit entwickelt.

Muster gelten gemeinhin als das, was durch Improvisation nicht bedient wird. Strukturen, Regeln, Standards, Routinen werden gebrochen, verletzt, verlassen, um zu improvisierendem Handeln zu kommen. Aber auch der Musterbruch folgt Mustern bzw. es bilden sich Muster während des Improvisierens. Die Theaterwissenschaft (z. B. Luhmann und Sawyer) liefert genügend Lehrmaterial, wie Improvisation über Emergenz zu fantastischen Ergebnissen führen kann.

Risiko wird durch Improvisation nicht in Kauf genommen, sondern gesucht. Die Janusköpfigkeit von Risiko besteht in der Gleichzeitigkeit oder Parallelität von Gelegenheiten und Bedrohungen. Nur wer ins volle Risiko geht, kann auch den Horizont der Möglichkeiten voll ausschöpfen. Wer das Risiko begrenzt, begrenzt auch die Möglichkeiten. Nicht zuletzt geht es dabei um Entdeckungen, die wir machen, ohne sie gesucht zu haben. Liegt das Ideal der Optimierung in der Perfektion, so das Ideal der Improvisation im Imperfekten. Improvisation ist ein Spiel zwischen Schöpfertum und Scheitern.

Kollaboration ist eine besondere Ausprägung der Kooperation als unmittelbare Kooperation gegensätzlicher Individuen. Die Stärke der kooperativen Abhängigkeit erwächst gerade aus der Gegensätzlichkeit. Gelingt es, die Subjektivität der Einzelindividuen zu negieren, im Interesse eines kollektiven Subjekts, entsteht die Möglichkeit eines „collective minds" [15] und eines gemeinsamen Denkens, das sich aus den Differenzen der beteiligten Individuen speist. Das Potenzial der Improvisation wird nur dann genutzt, wenn Improvisation als ein kollektiver Prozess verstanden und praktiziert wird.

2.2 Führung als Improvisation

Führung heißt kommunizieren, intervenieren, moderieren, vor allem aber entscheiden. Wenn Führung künftig improvisieren soll, stellt sich die Frage, wie das mit Planung zusammengehen soll. Führung braucht doch auch Planung und Ziele. Spontaneität steht doch schon auf den ersten Blick im Widerspruch zu Planung. Und ganz unmöglich erscheint eine Symbiose von Spontaneität und Planung, wenn man noch dazu berücksichtigt, dass jede Entscheidung systemische Folgen hat. Führungskräfte haben heute zunehmend das Gefühl, genau in diesem Widerspruch, also am Rande des Chaos agieren zu müssen. Und so ist es tatsächlich.

Kennen wir die Herausforderungen, die heute und morgen an Führung gestellt werden, und ahnen wir die Potenziale des Improvisationshandelns, können wir erste Antworten geben, was Führung als Improvisation meint. Damit sagen wir nicht, dass die Führung der Zukunft auf Improvisation reduzierbar ist, wohl aber, dass Improvisation ein wesentlicher Charakter von Führung der Zukunft ist.

Wir müssen verstehen, welche Lerneffekte sich aus dem Improvisationstheater für die Professionalisierung von Führung ergeben. Führung als Improvisation

- konstruiert Wirklichkeiten,
- entscheidet situativ,
- interveniert systemisch in das Denken und Handeln der Mitarbeiter und
- hebt sich selbst auf, jedenfalls als exklusive Tätigkeit exklusiver Personen in exklusiven Positionen.

Führung konstruiert Wirklichkeiten Wenn Wirklichkeit nicht gleichbedeutend mit „objektiver Realität", sondern ein subjektives Konstrukt, ein subjektives Bild des Wirklichen ist und soziale Organisationen als Systeme von Beziehungen und nicht von Elementen bestehen, müssen wir akzeptieren, dass Organisationen Resultat von Kommunikation sind. Kommunikation überhaupt erzeugt Wirklichkeiten, insofern die Kommunikationspartner ihre Wahrnehmungen mit Bedeutung und somit Sinn versehen. Kommunikation ist dann eine wechselseitige Selektion von Mitteilung, Information und Verstehen durch die Kommunikationspartner.

Was macht Improvisationstheater? Das Gleiche. Es erzeugt Wirklichkeiten. Führung wie Improvisation konstruieren also Wirklichkeiten und insofern ist Führung Kunst, eine Kunst der Schöpfung.

Der moderne Führer ist weniger Manager als vielmehr Künstler [30]. Management verbindet sich nicht nur vom Wort her mit Handwerk, etwas handhaben (von lateinisch *manus:* Hand; italienisch *maneggiare:* an der Hand führen). Der Manager als Handwerker beherrscht sein Handwerk und sein Handwerkszeug, um ein vordefiniertes Produkt in hoher Perfektion zu erzeugen.

Auch der Künstler muss sein „Handwerk" beherrschen. Aber sein Handwerkszeug ist nur Material, das er nicht regelbestimmt, sondern variabel – eben improvisatorisch – benutzt, um ein „Produkt" zu erzeugen, über das er am Beginn des künstlerischen Prozesses noch nichts weiß. Kunst bezeichnet im weitesten Sinne eine Tätigkeit, die auf Wissen, Beobachtung, Vorstellung und Intuition gegründet ist. Kunst ist das Ergebnis eines kreativen Prozesses.

Was moderne Führung allerdings von Improvisation unterscheidet, ist ihr notwendig reflexiver Charakter. Für Spolin schließen sich Reflexivität und

Spontaneität aus. Zur Kunst von Führung gehört daher die Fähigkeit, das sich Ausschließende zu balancieren.

Weiterhin ist der Führende als Konstrukteur von Wirklichkeit auch Designer. Er entwirft Zukunftsbilder von Organisation, Kooperation, Produkten oder auch Kulturen. Während die einen angesichts der Unvorhersehbarkeit im Zeitalter von Komplexität das Ende der Planbarkeit einläuten, bestehen die anderen auf der Notwendigkeit zielbestimmter Planung. Verstehen wir unter Ziel einen Zustand in der Zukunft, der als zu erreichender Zielpunkt gedacht ist, und unter Plan eine Schrittfolge, die die Zielrealisierung erzwingt, dann befinden wir uns fürwahr in einer Märchenwelt, fernab der Realität.

Erstens müssen Ziele das aktuelle Handeln fokussieren, das Handeln im Augenblick. Sonst sind sie wirkungslos.

Zweitens können Ziele, über den Augenblick hinaus (im Sinne von Richtung) nur als ein „Zielen" gedacht werden.

Drittens haben Ziele nur Geltung, wenn sie in einem sozialen Interessenkontext einen Konsens „er-zielen", der Kooperation ermöglicht.

Viertens ist der Plan dann zunächst nichts anderes als eine (subjektive) Ordnung im Kopf. Diese gestattet mir, in welcher (überraschenden) Situation auch immer, planvoll zu handeln. Dafür braucht der Führende ein theoretisch begründetes, mentales Modell von Führung.

Fünftens ist der Plan, dem folgend, ein Koordinationsinstrument, das aus der Vogelperspektive, nicht Zukunftsperspektive gedacht ist.

Sechstens bestimmt der Plan keine abenteuerliche notwendige Schrittfolge, sondern den ersten möglichen Schritt, der wiederum einen vielfältigen Horizont von möglichen Anschlusshandlungen eröffnet.

Design ist also hier nicht die traditionell betrachtete *äußere Gestalt* oder *äußere Form* von Dingen. Design ist hier der *Entwurf einer Form* oder *Entwurf des Wesens* von etwas Gewolltem. Um zu einer von den Kooperationspartnern geteilten und auf die Zukunft gerichteten Absicht ihrer Kooperation zu kommen, können sie sich aber Techniken der Improvisation bedienen.

Was wir im Design konstruieren, sind Spielräume. Erstens Räume, in denen zwischen den Grenzen Spiel ist. Dieser Spielraum definiert das Maß des Freiraums für das Denken und/oder Handeln. Demgegenüber gibt es jedoch zweitens auch Spielräume (Spielfelder), in denen klare Regeln herrschen, nach denen gespielt wird. Drittens gibt es Spielräume, in denen wir uns selbst ausprobieren, die Grenzen nicht durch den Raum gesetzt sind, sondern wir unsere Grenzen, die in uns selbst gesetzt sind, finden wollen, nicht zuletzt um zu erfahren, was passiert, wenn wir diese Grenzen überschreiten. Diese Räume bietet das Improvisationstheater.

Überschreiten wir unsere eigenen Grenzen, werden wir zwangsläufig auch scheitern. Kunst schließt das Scheitern ein. Für den Führenden als Künstler heißt das, dass er auch scheitern darf und lernen muss, mit Scheitern umzugehen. Wenn Führung Wirklichkeiten konstruiert, dann kann sie ohne Improvisation nicht auskommen.

Führung entscheidet – situativ Wir wissen heute, dass sich der Mensch täglich etwa 130.000-mal entscheidet. Wir wissen, dass der überragende Anteil davon unbewusste Entscheidungen sind. Wir wissen, dass bewusste Entscheidungen zu 80 % emotional begründet sind. Unverdrossen müht sich die ökonomische Theorie, die Rationalität der Entscheidung – gegen alle Erfahrung – zu behaupten. Manager legitimieren ihre längst schon getroffenen Entscheidungen im Nachhinein, indem sie Nutzwertanalysen oder Ähnliches verfertigen, in die die bereits getroffene Entscheidung ergebnisbegründend eingeht.

Genau genommen sind intuitive Entscheidungen unbewusste Entscheidungen. Im Moment der Entscheidung sind die rationalen, die erfahrungsbezogenen usw. Implikationen nicht bewusst. Wenn bereits Moreno [22] sagt, dass das kreative Potenzial der Improvisation aus dem Unbewusstem kommt, ist die Nähe von Führungsentscheidung und Improvisation evident.

Von den entscheidenden Akteuren verlangt das nicht, verzweifelt nach rationalen Entscheidungsgründen zu suchen, sondern zweierlei:

Erstens brauchen Entscheider eine ausgeprägte Beobachtung. Diese Kunst der Beobachtung (Watzlawick) hängt wiederum zum einen an der differenzierten Ausprägung der Unterscheidungsmuster des Entscheiders und zum anderen an seiner Achtsamkeit, speziell an der Fähigkeit, die leisen, kaum spürbaren Signale wahrzunehmen.
Zweitens brauchen Entscheider das Gespür für den richtigen Augenblick einer Entscheidung. Führende brauchen die Fähigkeit, eine Entscheidungssituation reifen zu lassen, der Versuchung zu widerstehen, immer sofort zu reagieren und dann im oft blinden Aktionismus zu landen, reflexartiges Handeln reflektiertem vorzuziehen. Sie brauchen Gelassenheit und den Blick für den richtigen Moment.

Es gibt kein geeigneteres Training dafür als Improvisationstheater.

Führung interveniert – systemisch Die Managementtheorie und -praxis trat mit dem Anspruch an, Menschen, Organisationen, Entwicklung, Erfolg … steuern und kontrollieren zu können. Das moderne Führungsverständnis akzeptiert dagegen die Autonomie psychischer und sozialer Systeme. Aus systemischer Sicht steht Führung sowohl dem Geführten als auch der Organisation gegenüber. Dabei kann Führung das Denken (als psychische Operation der Geführten) und Kommunizieren (als soziale Operation der Organisation) zwar nicht steuern, aber beobachten, in Form der Handlungsresultate. Beobachten kann Führung auch die Selbstbeobachtung der Geführten oder der Organisation. Dann wird sie Beobachtung zweiter Ordnung. Der Beobachter zweiter Ordnung, der den Beobachter erster Ordnung beim Beobachten beobachtet und sieht, was dieser sieht, sieht aber auch, was dieser nicht sieht. Führung kann also eine Beobachtung anbieten, eine Differenz – der Wahrnehmung, der Bedeutung oder auch der Handlungsalternative.

Wie aber kann Führung intervenieren? Durch Irritation, Verstörung. Sowohl für psychische wie soziale Systeme gilt, dass sie Sinnmuster ausbilden, Sinnattraktoren – attraktive Zustände von Verhaltensmustern –, die ihnen eine bestimmte Ordnung des Denkens und Handelns verleihen. Führung muss diese Ordnung erschüttern. Die Intervention destabilisiert das Denken und Handeln, ohne dabei die Systeme selbst zu destabilisieren. Wo ließe sich dieser Spagat professioneller lernen als im Improvisationstheater?!

Dann aber geht es Führung darum, den Ordnungs- oder Musterwechsel zu begleiten. Dabei hat Führung einerseits mit Erwartungen zu tun, sowohl eigene Erwartungen an das Verhalten der Geführten als auch Erwartungen über die Erwartungen der Geführten ihr gegenüber. Was Führung schaffen muss, ist, „alte" Ordnungen, Denk- und Verhaltensmuster zu beseitigen und für einen Übergangsprozess in eine neue Ordnung zu sorgen, zu moderieren und einen relativ reibungsarmen Umgang mit Kontingenz zu finden.

Steuern kann der Führende diesen Prozess nicht. Aber er kann zu diesem Prozess etwas „bei-steuern" [18] und ihn insofern mit-steuern. Das vermutlich interessanteste und wirksamste Führungsinstrument zur Realisierung der Mitsteuerung ist das systemische Fragen. Systemisches Fragen beantwortet nicht die Fragen des Fragenden, sondern führt den Befragten in die selbstreflexive Beobachtung seines Denkens und Handelns, die dann Denk- und Handlungsräume, Möglichkeiten eröffnet. Da sich der Fragende weniger für die Antwort als Information interessiert, sondern als Stoff, aus dem er die nächste Frage konstruiert, ist seine Professionalität vor allem die Fähigkeit, im Anschluss an Frage, Antwort, Frage, Antwort, Frage eine Zirkularität zu konstruieren, die eine Geschichte erzählt. Für diese Geschichte gibt es keinen Plan, lediglich einen Metaplan von Regeln, Formalien, Archetypen oder Hypothesen. Das Gespräch selbst ist Improvisation.

Führung hebt sich selbst auf ... als exklusive Tätigkeit exklusiver Personen Das scheint die perspektivische Konsequenz des eben Erörterten. Sie setzt voraus, Führung jenseits von Hierarchie zu denken. Das fällt in doppelter Weise schwer.

> **Erstens** gilt die Hierarchie als „heilige Ordnung" nicht nur im Sinne des geheiligten Führers, sondern auch im Sinne des zeitlos Ewigen. Hierarchische Strukturen sind im Kern Befehlsstrukturen, die davon ausgehen, dass der in der Hierarchie jeweils weiter oben Stehende das göttliche Wissen hat, welches entscheidungsbegründend für alles ist, was unter ihm geschieht. Eine Voraussetzung, die schon längst nicht mehr und immer weniger gilt. Die Durchsetzung kooperativen Verhaltens von spezialisierten Fachleuten auf gleicher Ebene verlangt das Durchbrechen der hierarchischen Ordnung und eine Ordnung, in der die Akteure ihre Kooperation unmittelbar selbst kommunikativ miteinander vereinbaren.
>
> **Zweitens** gilt die Hierarchie mit ihrer komplexitätsreduzierenden Wirkung in Zeiten überfordernder Komplexität als unverzichtbar. Die Komplexitätsreduktion betrifft weniger die Wirkung der Außenkomplexität auf die Unternehmen, sondern verhindert vielmehr die Entwicklung der Eigenkomplexität der Organisation, die eine wesentliche Voraussetzung für die zukunftssichernde Verarbeitung der Außenkomplexität (Marktdifferenzierung, technische Innovationen, wissenschaftliche Paradigmenwechsel, politische Destabilisierung ...) ist.

Historisch lassen sich – aus der hier betrachteten Perspektive – drei wesentliche Phasen von Führung unterscheiden:

1. Steuerung und Kontrolle einer Sozialmaschine (Führung als Management)
2. Einflussnahme auf individuelles und kollektives Verhalten der Geführten
3. Systemische Führung von Prozessen

Systemische Führung hängt weniger an Instrumenten, sondern vielmehr an Haltungen. Als zentrale Haltungen, die die Statik wie Dynamik sozialer Systeme und damit ihre Kooperations- und Zukunftsfähigkeit bestimmen, werden in der Regel folgende genannt:

- Behandle das System mit Respekt!
- Lerne mit Mehrdeutigkeit, Unbestimmtheit und Unsicherheit umzugehen!

- Erhalte und schaffe Möglichkeiten!
- Erhöhe Autonomie und Integration!
- Nutze und fördere das Potenzial des Systems!
- Halte die Prozesse in Gang! Es gibt keine endgültigen Lösungen.
- Balanciere die Extreme!

„Führung hebt sich selbst auf" heißt eben nicht, dass Führung überflüssig wird, sondern, dass sie sich nicht als exklusive Tätigkeit exklusiver Personen in exklusiven Positionen realisiert. In einem kooperativen Prozess wird Führung geteilt und auf den Prozess hin gedacht, nicht als Herrschaft über Menschen. Der permanente Wechsel von Positionen, Personen und Tätigkeiten braucht ein hohes Maß der Spontaneität, Kreativität, Kooperation, Performanz – Improvisation.

2.3   Regeln der Improvisation und Führungspraxis

Für viele Leser dürfte es zunächst eine Überraschung sein:

▶ **Improvisation folgt Regeln.**

Führende können Unvorhersehbares nicht vorhersehen. Aber sie wissen, dass Unvorhersehbares geschehen wird. Also brauchen sie einen **routinierten** Umgang mit Unvorhersehbarkeit, also Routinen.

Schauen wir in entsprechende Kunstformen wie Jazz oder Improvisationstheater, dann benutzen die Akteure Regeln des Improvisierens als Regeln der Interaktion. Das Beherrschen ihres „Handwerks" – Instrument und Instrumentarium – ist Voraussetzung. Die Kunst entsteht erst in der virtuosen Anwendung der Regeln der Improvisation. Halten die Musiker bestimmte Regeln nicht ein, erzeugen sie eine Kakofonie. Improvisationstheater verlangt ebenso die Einhaltung bestimmter Regeln, weil sonst die Entwicklung der Geschichte gefährdet ist, ja nicht einmal entsteht und ein gutes Ergebnis nicht zustande kommt. Die Professionalität der Schauspieler ist davon abhängig, inwieweit sie diese Regeln beherrschen und sie in ebendiesem Sinne routiniert anzuwenden in der Lage sind.

Die Regeln des Improvisationstheaters lassen sich als Regeln der Interaktion improvisierender Akteure betrachten. Kennen und benutzen Führende diese Regeln und bilden sie durch Training eigene Routinen der Interaktion aus, sind sie in der Lage, mit Unvorhersehbarkeit souverän und professionell umzugehen.

Im Folgenden wollen wir die Regeln des Improvisationstheaters gruppieren und jeweils einen Bezug zum Führungsalltag herstellen. Dabei geht es uns nicht um eine Gruppierung im theaterwissenschaftlichen Sinne, sondern um eine Gruppierung, die einen Bezug zu Führung ermöglicht.

1. Nicht blockieren. Akzeptieren. Überakzeptieren. „Ja" sagen. „Ja, und …"-Prinzip

Im Improvisationstheater geht es zunächst darum, eine Geschichte zu entwickeln. Da deren Verlauf und Ergebnis nicht vorhersehbar sind, gilt als Basisregel das „Nicht-Blockieren". Das bedeutet, Spielangebote stets zu akzeptieren – als Wahrnehmung, Gedanke, Aktion … – um sich so durch die Idee in die Zukunft tragen zu *lassen*. Ein „Nein" würde in den meisten Fällen die Geschichte ebenso wie ein „Aber" zerstören. Insofern gilt das „Ja, und …" als Grundprinzip jeder Improvisation (wie auch jeder Gesprächsführung), wenn sie nicht ein vorausgesetztes Ergebnis bestätigen will, sondern ein unbekanntes Ergebnis anstrebt. Es ist wichtig, gerade abwegige Ideen nicht nur zu akzeptieren, sondern zu „überakzeptieren", und diese als Potenzial zu sehen, die es erlauben, die Geschichte in völlig ungeahnter und damit neuer Richtung zu entwickeln. Das klingt trivial, ist allerdings nicht so einfach, denn dazu braucht es ein eigenes Angebot, an das der Andere wiederum anschließen kann. Das muss trainiert werden.

2. Sich einen deutlichen Status wählen. Präsent sein. Status spielen. Status wechseln. Sich klare Rollen nehmen

Im Theater ist das bewusste Spiel mit Hoch- und Tiefstatus die Basis der entstehenden Figurenbeziehungen in einem Stück. Betritt der Schauspieler die Bühne, muss er nicht zwingend eine Situation etablieren, es genügt zunächst, sich für einen Status zu entscheiden. Der eingenommene Status „zwingt" den Mitspieler in den gegensätzlichen Status und etabliert damit einen Spannungszustand, das Drama. Dabei verstehen wir unter Status das, was wir tun, und nicht das, was wir sind, also den sozialen Status. Das heißt, ein Chef kann gegenüber einem Angestellten Tiefstatus spielen und der Angestellte kann gegenüber dem Chef Hochstatus spielen.

Würden wir im Theater den Statusgedanken vernachlässigen, verlören die meisten Szenen an Glaubwürdigkeit. Denn schließlich ist Status immer und überall – im Alltag, im Beruf und selbst im privaten Bereich. Status bestimmt darüber, wie wir kommunizieren und was wir mit unserer Kommunikation erreichen. Dabei geht es vor allem um Sympathie und Respekt. Wir senden ständig (unbewusst) Statussignale aus, ebenso empfangen wir ständig Statussignale von anderen und reagieren darauf. Dabei wird Status erkennbar an der Körpersprache, am Klang und an der Lautstärke der Stimme und an Inhalt und Art der Kommunikation. So gesehen ist Status letztendlich auch das Ergebnis unserer lebenslang gemachten Erfahrungen – bzw. der Spiegel unseres Selbstbewusstseins. Gelingt es, sich den eigenen Status bewusst zu machen, wird es möglich sein, den Status der anderen zu erkennen und seinen eigenen bewusst zu verändern. Dabei kann sich manchmal ein Unterschied zwischen unserem inneren Status (wer wir sind oder wer wir sein möchten) und dem äußeren Status (was ich nach außen sende, was bei den anderen ankommt) ergeben.

Auch in der Führung wie in der Gesprächsführung entscheidet der Status, den wir einnehmen, mit dem wir in eine Beziehung gehen, über Verlauf und letztlich Ergebnis. Deswegen sollten wir auch da einen Status, als interaktionalen Status, bewusst einnehmen. Ist die Statusdifferenz jedoch zu groß, kommt Kommunikation nicht wirklich zustande. Es entsteht keine Figur der Verständigung, sondern eine Figur der Über- bzw. Unterordnung. Die Kunst gelingender Kommunikation ist es, die Differenz so zu gestalten, dass die Spannung erhalten bleibt, aber eine „Überspannung" vermieden wird.

3. Beziehungen herstellen. In Kontakt gehen – geistig, emotional, körperlich. Emotionen zeigen. Wer viel spricht, zeigt wenig Emotion. Nicht dirigieren. Nicht glänzen wollen. Mitspieler gut dastehen lassen. Nicht gegen Mitspieler spielen. Vertrauen haben. Andere in Schwierigkeiten bringen

Beziehungen herzustellen bedeutet, im Improvisationstheater zuallererst zu definieren: Wer bin ich? Oder aber: Wer ist der Andere? Da im Gegensatz zum klassischen Theater nicht klar ist, wohin sich die Szene bewegen wird, bekommt die Entwicklung der Figurenbeziehung eine fundamentale Bedeutung. Dabei geht es nicht so sehr darum, die Gedanken des Mitspielers zu erraten (das kann unter

Umständen sogar kontraproduktiv sein), sondern vielmehr darum, ihn in Schwierigkeiten zu bringen. Ich muss den Anderen irritieren, verstören, überraschen, auch provozieren, sodass er nicht mit bekannten Routinen antworten kann, sondern „sich etwas einfallen lassen muss" und seine Improvisationsroutinen „einschalten" muss.

Führung ist, im Unterschied zu Management, nicht die Handhabung von Sachen, sondern Führung von Menschen. Von Watzlawick wissen wir, dass das Gelingen von Kommunikation in erster Linie nicht vom sachlichen Inhalt der Kommunikation abhängt, sondern von der Beziehung der Kommunikationspartner. Die Kommunikation beruht auf Beziehung und erzeugt Beziehung. Die Qualität der Beziehung, ihre Stabilität, ist wesentlich davon abhängig, wie persönlich sie ist, das heißt auch, wie emotional. Die emotionale Angleichung gilt als bestimmender Ausgangspunkt einer Kommunikation, wenn sie gelingen soll.

Das setzt jedoch voraus, dem Anderen Vertrauen in sein Handeln zu signalisieren und gleichzeitig ihn in eine Situation zu bringen, aus der er nicht mit gewohnheitsmäßiger Handlung herausfindet, sondern in der er sich etwas einfallen lassen muss. Gleichzeitig wird ihm auch darin vertraut, dass er diese Handlungsvariante findet. In der Beziehung Führungskraft – Mitarbeiter im Führungsalltag oft unvorstellbar.

4. Angebote machen. Starke Behauptungen aufstellen. Etwas wollen. Absichten haben. Sich Zeit lassen. Die Dinge entstehen lassen. Stille aushalten

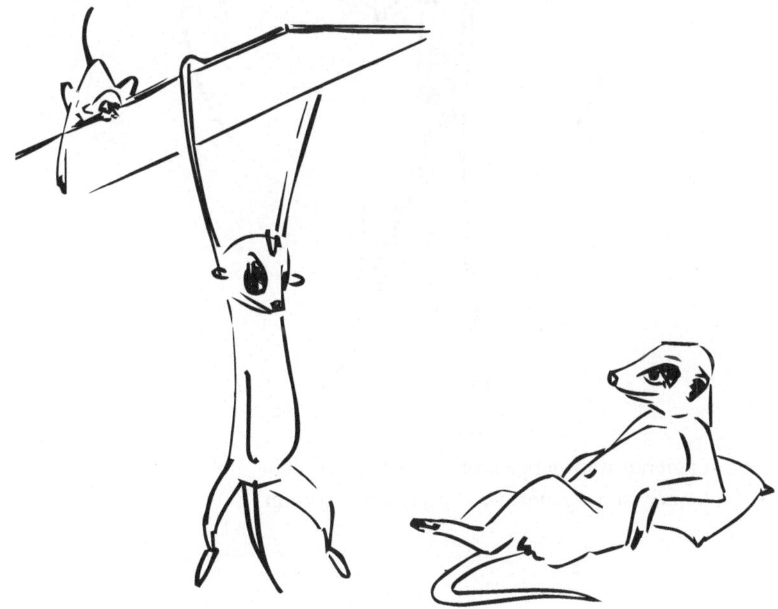

Ein Künstler muss sein „Handwerk" beherrschen. Kunst bezeichnet im weitesten Sinne eine Tätigkeit, die auf Wissen, Beobachtung, Vorstellung und Intuition gegründet ist. Die Ergebnisse von Kunst sind jedoch nicht eindeutig durch Funktionen, vordefinierte Ergebnisse festgelegt. Kunst ist das Ergebnis eines kreativen Prozesses.

Die wohl wichtigste Arbeit des Führenden ist die Arbeit am gemeinsamen Sinn. Ist das erreicht, baut er auf die Selbstorganisation, die er anregt, indem er den Selbstorganisationsprozesses mit Ideen, Gedanken und Erfahrungen „füttert" und präferierte Richtungen verstärkt – Angebote machen, starke Behauptungen aufstellen. Er mischt sich nicht ein, sondern lässt dem System (z. B. den Mitarbeitern) Zeit und wartet auf günstige Gelegenheiten für wirksame Interventionen.

5. Die Geschichte spielt im Hier und Jetzt. Unvorbereitet sein. Offen bleiben. Nicht vorwärts denken. Schlüsse setzen

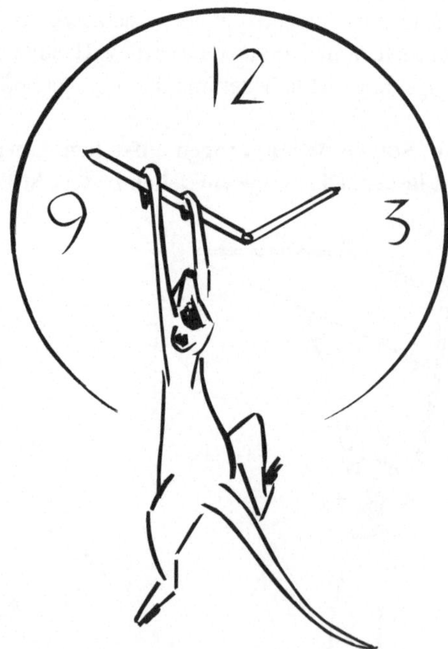

Zuhören, reagieren und dabei kreativ sein. Also kein Ziel? Führung ohne Ziel? Das heißt, keiner ist gespannt, was „hinten rauskommt"?

Das wichtigste Ziel eines Unternehmens ist das Überleben. Und alle Aufgaben und Maßnahmen eines Unternehmens müssen auf dieses Ziel ausgerichtet sein. Kosten, Innovation, Ergebnisse (Profit). Leider hat noch niemand eine andere Ökonomie entwickelt, die ohne diese strengen Rahmenbedingungen funktioniert.

Wir meinen, „nicht nach vorn denken" bedarf im Unternehmenstheater einer tieferen Klärung, sonst kollidieren Theaterdenken und Managementdenken. Ein Manager wird entgegenhalten, dass es im täglichen Führungsprozess schließlich immer ein Ziel (welches i. d. R. in der Unternehmensplanung fixiert ist) und unveränderbare Rahmenbedingungen gibt.

Das Theaterstück in der „moralischen Anstalt" endet stets mit einer Katharsis, einer Läuterung oder Reinigung. Diese ist nicht das Ziel von Improvisation, doch das Improvisationsspiel braucht ein sichtbares Resultat, das einen Sinn des Spiels erkennen lässt, der sich jedoch aus dem Spiel selbst ergibt und dem Spiel nicht vorausgesetzt werden kann. Jede Aktion benötigt einen Schluss, der anschlussfähig für weitere Interaktionen bzw. für konkrete Handlungen ist.

Führung ist folgenreich. Das heißt, Führung bringt Optionen ins Spiel, die verschiedene Anschlüsse ermöglichen. Wichtig ist, dass Führung Geschichten, Entwicklungen in Gang hält. Das kann zum Beispiel auch heißen, unvorbereitet in ein Gespräch zu gehen, um sich offen auf dessen Verlauf einlassen zu können und damit frei für Beobachtungen zu bleiben, für die ich nicht frei bin, wenn ich ein bestimmtes Ziel verfolge. Das funktioniert auch, wenn in einem Brainstorming ein neues Produkt oder eine Lösung kreiert werden soll. Alpha, Beta, Gamma usw. streiten trefflich und bewirken (bei guter Moderation), dass am Ende ein Ergebnis rauskommt, von dem keiner vorher geglaubt hätte, dass das in einer solch kurzen Zeit erreicht werden könnte. Dennoch war es das Ziel, es kannte nur niemand das Ergebnis vorher. Nur das Team (und kein Einzelner) hat es geschafft.

Führung muss sich auf den nächsten Schritt, die nächste Aktion fokussieren und auf deren Folgenreichtum, statt auf das vorgedachte Ende eines Prozesses, der den nächsten Schritt aus der Rückrechnung des Ziels definiert. Nur so lässt sich mit jederzeit möglichen Überraschungen, aber auch unvorhersehbaren Gelegenheiten (positiv wie negativ) professionell umgehen.

Was Unternehmen vom Improvisationstheater unterscheidet, ist, dass sie ihr kooperatives Handeln nicht planlos organisieren können. Sie brauchen einen Plan, der ihr kooperatives Handeln auf einen antizipierten zukünftigen Zustand (Ziel) hin koordiniert. Trotzdem müssen sie berücksichtigen (lernen), dass unter der Voraussetzung unvorhersehbarer Entwicklung Ziele nicht einfach als berechenbare und feststehende Zielpunkte definierbar sind, sondern lediglich als Handlungsrichtungen, also im Sinne von „auf etwas zielen".

**6. Routinen brechen. Gegen Erwartungen spielen. Risiko eingehen. Scheitern
können**

Improvisation setzt den Bruch mit aktuellen Handlungsroutinen (Routinen erster Ordnung) voraus. Nur das Brechen von Routinen eröffnet neue Wege. Aber
nicht nur für das handelnde Subjekt, sondern ebenso für den Interaktionspartner.
Verhalte ich mich selbst nicht erwartungsgemäß, breche ich selbst mit Routinen,
dann kann auch der Andere nicht an seinen Routinen festhalten. Breche ich Routinen, zwinge ich den Anderen zum Bruch mit seinen Routinen. Dazu muss ich
den Anderen nicht explizit auffordern. Das erhöht einerseits die Wahrscheinlich-
keit, dass beide im Risiko nicht scheitern. Scheitern andererseits beide, können
sie, weil sie in gemeinsamer Absicht das Risiko eingingen, auch im Scheitern
solidarisch bleiben, statt in wechselseitige Schuldzuweisung zu gelangen.

Viele Entscheidungen lassen sich heute nicht mehr auf der Basis von Erfahrungen (Routinen) treffen. Unternehmen wir etwas Neues, für uns Unbekanntes,
gehen wir ein Risiko ein. Risiko ist ein Wagnis, das Bedrohungen enthält, aber
auch Gelegenheiten. Risiken vermeiden heißt auch, Gelegenheiten zu verpassen.
Gehen wir volles Risiko, um dessen Potenziale auszuschöpfen, können wir scheitern. Der Führende darf nicht scheitern, scheitert aber in der Praxis immer öfter.
Der Künstler darf, ja er muss zwangsläufig auch scheitern. Dazu muss er auch
scheitern *dürfen* und *können*.

Wer als Führungskraft schon einmal gescheitert ist, weiß wohl, wie sich
Misserfolg, Kritik, Hohn und Spott anfühlen. Denn häufig wird für Scheitern
ein Schuldiger gesucht. Und nun absichtlich scheitern? Und sich dabei auf der
Bühne bloßstellen lassen? Welche Führungskraft macht das schon freiwillig! Erst
recht, wenn es im Team Neider und Spötter gibt, die eh nur den ganzen Tag auf

das Scheitern der Führungskraft warten, um dann zu sagen: „Ich hab's euch doch schon vorher gesagt, dass das schiefgeht."

Andererseits gibt es die sogenannten „Fuck up Nights". In diesen Veranstaltungen sprechen Start-up-Gründer über ihre Fehler und ihr Scheitern. Die Zuhörer lernen daraus, um gleichartige Fehler zu vermeiden. Es ist aber immer noch ein Unterschied, ob ein (evtl. sogar gestandener) Manager auf der Bühne vor seinen Kollegen im Rahmen der Improvisation scheitert oder einen Erfahrungsbericht „aus dem Hochstatus heraus" doziert.

Das heißt, beide, Künstler und Führende, müssen die Fähigkeit haben, auch das Scheitern als eine Erfahrung zu verarbeiten, die im zukünftigen Umgang mit Risiken hilft. Und zudem die Fähigkeit, Störungen und überraschende Entwicklungen in Chancen zu verwandeln. Dazu benötigen sie ein reiches Repertoire an Verhaltensvariationen, aus dem sie souverän und situationsspezifisch wählen können. Sie benötigen Routinen des Improvisierens. Erst das macht jeweils ihre Professionalität aus.

7. Mit Humor spielen

Theater und Führung sind ernste Dinge. Deswegen muss man sie mit Humor spielen. Spielen heißt ausprobieren und dabei lernen.

Kinder erschließen sich spielend und spielerisch ihre Welt. Sie loten Möglichkeiten aus. Und sie tun es gemeinschaftlich, miteinander. Der Prozess spielerischer

Erkundung ist ebenso wichtig wie das Ergebnis. Im Alter von etwa sechs Jahren, so der Gehirnforscher Hüther [13], kippt die spielerische Erkundung, weil Kinder jetzt mit fremdgesetzten Zielen konfrontiert werden. An die Stelle des Spiels treten Leistungsdruck und Konkurrenz.

Selbst spielende Tiere sind nach Expertenauffassung intelligent, weil sie Neues ausprobieren und sich so gut anpassen können. Der Kea zum Beispiel, eine neuseeländische Papageienart, rodelt aus purer Lust verschneite Berghänge auf dem Rücken hinunter [5].

Und schließlich: Spielerisches Lernen soll Spaß und damit Lust auf Führung machen.

Nun kennen wir die wichtigsten Regeln. Können wir sie deshalb auch schon anwenden? Mitnichten! Wenn das so einfach wäre, hätte dieses *essential* wahrscheinlich nicht geschrieben werden müssen. Also scheinen dem Puzzle noch ein paar entscheidende Teile zum vollständigen Bild zu fehlen, vor allem fehlt die Brücke zum Führungsprozess. Dazu wird offensichtlich ein anderes Konzept benötigt.

Unternehmenstheater als Improvisationstheater

3

> *Wenn ich acht Stunden Zeit hätte um einen Baum zu fäl-*
> *len, würde ich sechs Stunden die Axt schleifen.*
>
> Abraham Lincoln

3.1 Ein „Neues Unternehmenstheater"?

Unternehmenstheater als Improvisationstheater als Unternehmenstheater. Das ist letztlich die Quintessenz unserer Überlegung. Unternehmenstheater ist in unserer Zeit mit den stärksten Unternehmenseffekten als Improvisationstheater zu machen, weil Improvisation die gesamte Unternehmenswirklichkeit verändert und von allen Akteuren, vor allem den Führenden, eine rasante Umstellung ihres Denkens und Verhaltens erfordert. Und wenn Improvisationstheater nicht zu vergänglicher Mode verkommen will, findet es als Unternehmenstheater ein Feld mit ungeheurer Wirkung.

Genau genommen sind es drei Felder, in denen Improvisationstheater nutzbar gemacht werden kann:

1. Improvisationstraining zur Qualifikation (mindestens) der Führungskräfte, um deren Improvisationsfähigkeiten zu entwickeln, ihren Spaß am Improvisieren und damit an Führung.
2. Alle unternehmerischen Tätigkeiten mit experimentellem Charakter (z. B. Projekte) können mit Improvisationstheater zu einer neuen Form von Tätigkeit integriert werden.

© Springer Fachmedien Wiesbaden GmbH 2017
H.J. Hoppe et al., *Wie Unternehmen von Theater profitieren können,*
essentials, DOI 10.1007/978-3-658-17510-8_3

3. Wenn es um Konstruktionen von Wirklichkeiten geht (Reorganisation, Problemlösung, Konfliktlösung, Strategien …) lassen sich diese als Improvisation umsetzen.

Theater hat den gleichen Status und eine äquivalente Rolle gegenüber dem Unternehmen wie Beratung. Als solche „versorgt" es das Unternehmen/Management nicht mit Lösungen, sondern mit einer Beobachtung zweiter Ordnung, die einen Unterschied zur Selbstbeobachtung des Unternehmens setzt.

Dazu liefert Theater neben der eigenen Beobachtung Erfahrungen und Ideen. Damit unterstützt es das Unternehmen im Problemverständnis, bei der Lösungssuche – vor allem aber bei der nachhaltigen Stärkung seiner Ressourcen.

Theater wirkt auf die Ermutigung und Selbstermächtigung des Unternehmens in Veränderungsprozessen, beantwortet den Wunsch des Systems nach externer Heilung einer Störung mit der Ermutigung, die Störung als Entwicklungspotenzial zu sehen und zu akzeptieren, und mit der Ermutigung zur Selbststeuerung. Es fördert das „Mehrbrillenprinzip" der Beobachtung und hilft damit dem System, unter die eigene Oberfläche zu schauen. Es verstört das Unternehmen in seinem gewohnten Verhalten und öffnet ihm einen Möglichkeitshorizont, statt ihn zu verengen. Es sorgt für eine ganzheitliche Sicht auf Strukturen und Prozesse, Instrumente und Verhalten, Techniken und Haltungen, rationale und emotionale, formelle und informelle Aspekte. Kurzum, Theater unterstützt das Unternehmen bei der Konstruktion und Rekonstruktion neuer Wirklichkeiten.

Doch wie schon in Kap. 2 beschrieben, kommen die meisten Unternehmenstheater über den Event-Charakter nicht hinaus. Wie also gelingt die Brücke zum Führungsprozess?

In dieser Situation kann es sinnvoll sein, die Kritikkultur im Unternehmen zu hinterfragen.

Ein kurzer Ausflug

In den meisten Unternehmen wird Kritik heute vom Management zwar gewünscht, doch ist das oft mehr ein Lippenbekenntnis denn Einladung zum Diskurs. Kritik, egal in welcher Form angebracht, erzeugt bei den Führenden Unmut. Wieso sollte sich ein Mitarbeiter schlauer denken dürfen als sein Chef? Da lauert Gefahr.

Führungskräfte vergessen nur zu oft, dass konstruktive Kritik gerade von den motiviertesten Mitarbeitern kommt. Sich mit Kritik nicht auseinanderzusetzen, bedeutet, die Mitarbeiter nicht „abzuholen", sie nicht zu beteiligen. Der damit einhergehende Motivationsverlust und der Verzicht auf das gedankliche Potenzial der Mitarbeiter sind letztlich Verschwendung wertvoller Ressourcen.

Im Beispiel aus Abschn. 1.2 mutieren Ziele zum Selbstzweck, wenn nicht der Markt als konsequenter Maßstab herangezogen wird.

Daher wären hier folgende Fragen zu stellen

Was passiert, wenn die geplanten Ziele nicht erreicht oder doch erreicht werden? In beiden Fällen ist doch die Frage zu stellen, wie es im Berichtszeitraum dem Wettbewerb ergangen ist. Angenommen die Ziele wurden nicht erreicht, aber das Ergebnis liegt immer noch deutlich über dem des Wettbewerbs, dann ist das entsprechend zu bewerten und zu würdigen. Eine solche Situation kann in Krisensituationen schnell eintreten. Wenn allerdings der Markt boomt, ist andererseits die Frage zu stellen, was die Erreichung der eigenen Ziele wert ist, wenn der Wettbewerb im gleichen Zeitraum Umsatz und Profit deutlich mehr steigern konnte.

Das sind nur einige Gedanken, die **vorher** durch das Unternehmenstheater an das Management zu adressieren sind, auch auf die Gefahr hin, dass sich der Auftraggeber abwendet. Theater kann die klassischen Unternehmensberatungen nicht ersetzen, muss sich aber wohl ein Stück weit in die Unternehmensprozesse hineindenken können, um erfolgreich agieren (und verstören) zu können. Der Auftraggeber muss die vom Unternehmenstheater ausgelöste Verstörung aushalten können. Nur wenn die Interessen von Management und Mitarbeitern gleichermaßen in die Umsetzung im Unternehmenstheater einfließen, lassen sich am ehesten schwierige Inhalte transportieren und die Überzeugung schaffen (und nicht nur bei den Mitarbeitern, sondern auch beim Management), die Ziele nicht nur zu erreichen, sondern zu überbieten.

Wenn den Erwartungen beider Seiten Rechnung getragen wird, bleibt für das Unternehmenstheater die Chance gewahrt, über den Event hinaus in eine Prozessbegleitung zu gelangen.

3.2 Vom Event zum Prozess

Ein Firmenevent ist für ein Unternehmenstheater und das Unternehmen eine große Chance. Wir haben jedoch gesehen, dass ein einmaliger Event keine nachhaltige Wirkung auf Mitarbeiter, geschweige denn auf Führung und Führungsqualität hat. Nach einer Stunde kann nun einmal niemand ein Instrument spielen oder gar ein Flugzeug fliegen. Das benötigt einen längeren Lernprozess.

Einige Herausforderungen haben wir kennengelernt, nun kommt noch ein weiteres Element hinzu. Jeder Vertriebsprofi, der etwas verkaufen will, weiß, dass er nicht bereits im Vorgespräch alle Fragen beantworten darf, getreu dem Motto „Interessieren geht vor Informieren".

Um zum begleitenden Führungsprozess zu kommen, darf er mit dem Event gar nicht erst versuchen, alle Fragen zu beantworten oder gar die Komplettlösung anzubieten. Das kann nicht funktionieren. Daher hat der Event folgende Aufgaben:

- Denkprozesse bei Mitarbeitern und *Führungskräften* in Gang zu bringen, neue Sichten zu öffnen und neue Fragen aufzuwerfen.
- Überzeugend das Gefühl zu vermitteln, dass der Auftragnehmer die Problemlagen des Auftraggebers versteht.
- Den Wunsch, ja die Lust zu erzeugen, diese Probleme im Rahmen des Unternehmenstheaters anzugehen.

Das heißt, die Aufgabe besteht darin, dem Auftraggeber gleichsam einen Spiegel vorzuhalten, der dem Betrachter einen neuen Blick eröffnet, von einem reflexiven Hochsitz aus, also einer Metaebene, von der aus er sein eigenes Handeln beobachten kann. Da die Beobachtung allein jedoch nicht zwangsläufig zur Erkenntnis führt (siehe Kap. 1), benötigt der Beobachter Hilfe bei der Wahrnehmung. Hat der Beobachter dann die Wahrnehmung geschärft, bedeutet das noch lange nicht, dass dieser auch weiß, was zu tun wäre, zumal sich meist mehrere Handlungsoptionen auftun. Hier kommt der Regisseur „ins Spiel", und zwar im wahrsten Sinne des Wortes, denn Theater ermöglicht das „spielerische Lernen".

Wie also lassen sich nun die „Tausend kleinen Dinge", die einer Führungskraft das tägliche Leben schwer machen, proben und zur Routine machen, in weiterführenden Theater-Sessions verarbeiten?

Das kann nicht im „Großen Saal" bzw. in einem (einzelnen) Event erfolgen, sondern benötigt die Arbeit in kleinen Gruppen mit einem Regisseur. In diesem Rahmen lassen sich dann komplexe Fälle aus der realen Arbeitswelt der Führungskraft abbilden und spielerisch ausprobieren.

Dieses Vorgehen steht in krassem Widerspruch zur allgemeinen Praxis von Führungstraining, in dem das Training von Einzelthemen, z. B. „Heute behandeln wir das Kritikgespräch", vorherrscht. Hier schließen wir uns der Theorie von Führungstraining [23] an, dass die Einzelbehandlung von Themen nicht zu einem nachhaltigen Erfolg führt, sondern dass sich anhand eines supervisionsorientierten Realfalltrainings viele Themen gleichsam mitbehandeln lassen.

Doch lässt sich das nicht auf Unternehmenstheater übertragen. Improvisation hat hier das Problem zu lösen, dass Reflexivität die Spontaneität und damit die Improvisation tötet. Führung braucht aber nun mal beides – Reflexivität und Improvisation! Während beim supervisionsorientierten Realfalltraining gleichzeitig auf den Prozess geschaut wird, steht bei der Improvisation das Spiel im Mittelpunkt. Erst im Nachgang wird bei der Improvisation reflexiv auf das geschaut, was passiert ist und wozu das gebraucht wird, was eben gelernt wurde.

Dieser Unterschied im Herangehen macht es möglich, Spontaneität und Kreativität im Führungsprozess zu entfalten und die entscheidende Erweiterung mit Theatermitteln hinzuzufügen, das **spielerische Lernen.**

Das spielerische Lernen wird auch unterstützt von Viola Spolin [31], die zweifellos zu den größten Impulsgebern für die Entwicklung des Improvisationstheaters gehört. Sie hielt den Pragmatismus für den wichtigsten Erfolgsfaktor beim Lernen und orientierte sich dabei am „erfahrensorientierten Lernen" von John Dewey und Maria Montessori. Demzufolge bedeute Lernen nicht die Vermittlung von Inhalten, sondern quasi „just-in-time" ein Problem vorzubringen und die Schüler zu einer ganzheitlichen Problemlösung anzuregen. Übrigens ein jahrzehntelanger Streit von Lehrmeinungen, der bis heute andauert.

Wenn Unternehmenstheater also nur darauf aus ist, sich den Auftrag zu sichern und den Auftraggeber „glücklich" zu machen, dann wird die Kundenbeziehung nur von kurzer Dauer sein. Unternehmenstheater hat daher einen doppelten Auftrag: zum einen den formulierten Auftrag des Auftraggebers, zum anderen die Verantwortung, den Auftrag des Auftraggebers ganzheitlich zu denken und umzusetzen. Gelingt es dem Unternehmenstheater, die Brücke zwischen Improvisation und Führung zu schlagen, dann ist die Prozessbegleitung die logische Fortführung.

3.3 Führende lernen Improvisieren

Stellen Sie sich vor, Sie betreten den Seminarraum, und es empfängt Sie kein Seminarleiter mit aufgeblähtem Vortragsmanuskript, kein Flipchart, kein Beamer, kein Overhead-Projektor – ja nicht einmal ein Stapel bunter Karten für die obligatorische Abfrage Ihrer Erwartungshaltungen.

Der Raum Sie betreten einfach eine leere Bühne. Was Sie im Gepäck haben, sind Ihre Geschichten, ist Ihre Geschichte, ist Ihre Wirklichkeit. Und Sie bringen die Erfahrung mit, welche Rollen Sie in diesen Geschichten spielen und wie Sie bisher gewöhnt sind, sie zu spielen.

Nehmen Sie nun Ihren Platz auf der Bühne ein, entscheiden Sie sich bewusst für Ihren Status und spielen Sie Ihre Rolle. Seien Sie neugierig! Beobachten Sie! Erkennen Sie Ihre Spielweise! Spüren Sie die Reaktionen der anderen darauf und entdecken Sie, wie sich daraus die Geschichte auf der Bühne entwickelt. Beobachten, bewerten, reagieren, beobachten …

Und dann versuchen Sie einmal, die Rolle anders zu spielen und noch einmal anders und noch einmal … Probieren Sie sich aus, experimentieren Sie. Verändern Sie den Status, wechseln Sie den Spielort, schlüpfen Sie in die Rolle Ihres Gegenübers. Tun Sie das, was Sie im „richtigen Leben" nicht wagten. Hier, auf den Brettern des Theaters können Sie es, denn es ist ein Spiel.

Beobachten Sie, was in Ihrem Spiel passiert. Sehen Sie die Unterschiede. Und sehen Sie die neuen Geschichten, die das Spiel schreibt, und worin sie sich von den Ihnen vertrauten Geschichten unterscheiden. Die Theatermittel Status (Hochstatus, Tiefstatus, Normalstatus), Rolle (Chef, Mitarbeiter usw.) und Körpersprache (Mimik, Gestik, Haltung usw.) helfen, die eigene Wirkung zu erkennen und zu steuern.

Was können Sie dabei verlieren? Höchstens ein Spiel.

Das Spiel Jetzt sind Sie Teilnehmer eines Spiels, Angehörender eines Theaters. Der gesamte Raum ist die Bühne. Und die Bühne ist Ihre Führungswirklichkeit. Sie sind die Führungskraft, der Spieler, der Beobachter …

Zunächst richten wir das Theater ein. Dazu brauchen wir nicht viel. Nicht Kulissen und Requisiten füllen die Bühne, sondern Sie. Dafür müssen Sie einiges mitbringen: Vertrauen, Neugier, Kollektivität, Kreativität, Spontaneität, Spielbereitschaft, Risikofreude … Akzeptanz und Lust.

Vertrauen Alles, was Sie tun werden, sind Versuche. Damit sie gelingen, brauchen Sie den Anderen, der das Gelingen unterstützt, zumindest zulässt. Scheitern Ihre Versuche, brauchen Sie gerade den Anderen, damit aus dem Scheitern der nächste Versuch erwächst. Vertrauen können ist eine der wichtigsten Voraussetzungen unseres gemeinschaftlichen Lebens und Arbeitens.

Neugier Ohne den Drang in uns, Neues zu probieren, Unklarheiten zu beseitigen, Gewissheit zu erlangen, käme unsere Geschichte zum Stillstand – im Theater wie im Leben.

Kollektivität Theater wie Führung ist ein kollektives Spiel. Als Eremit sind wir verloren. An der Seite der Anderen wachsen wir. Vor allem aber wachsen letztlich Sie über sich selbst hinaus.

Kreativität Dass Sie als Mensch kreativ sind heißt nicht, dass Sie automatisch in der Lage sind, verrückte, radikale oder große Ideen zu entwickeln. Sich gedanklich aus der Umklammerung durch die Zwänge des „Realen" zu lösen, als Voraussetzung der Ideenfindung, ist nicht einfach.

Spontaneität Eben diese Lage, die uns Kreativität erlaubt, können wir als Spontaneitätslage bezeichnen. Die Spontaneitätslage ist nicht herstellbar. Sie steht plötzlich vor Ihnen. Sie müssen sie nutzen, ihr Kreativitätspotenzial. Sie wissen ja noch: Das gesamte Potenzial einer Situation liegt im Augenblick.

Spielbereitschaft Die Bühne bietet aber nicht nur Zeit für Ihre Bereitschaft, die Gelegenheiten des Moments zu nutzen. Die Bühne bietet auch Raum, Spielraum, Raum zwischen den Grenzen des Denkens und Handelns. Diesen Raum werden Sie erkunden, ausschreiten und damit seine Weite erfahren.

Risikofreude Die Bühne ist ein Wagnis. Selbstverständlich. Schließlich betreten Sie eine Welt, die Ihnen unbekannt ist. Da lauern Gefahren, und da locken Gelegenheiten. Beides werden Sie kennen lernen. Sie werden scheitern. Und Sie werden Überraschendes zuwege bringen, das Sie sich selbst nie zugetraut hätten.

Akzeptanz Risiko erfordert schließlich auch Mut. Mut aber beginnt bei der Akzeptanz – Akzeptanz des Trainingsformats, Akzeptanz des Trainers, Regisseurs oder besser Spielleiters und vor allem Akzeptanz der Mitspieler. Auf alles das müssen Sie sich einlassen! Und Sie können sich darauf einlassen, wenn Sie unterstellen, dass die eben genannten Kriterien in einem geschlossenen und geschützten Raum präsent sind.

Lust Natürlich, Sie müssen Lust haben auf das Wagnis, das Abenteuer, die unbekannte Welt, das Scheitern, das Spielen, das Probieren, den Verzicht auf Kontrolle, auf ganzheitliches Erleben, das nicht Vorhersehbare, auf Spinnen, auf Kontakt … Ohne Lust geht es nicht.

Mit all dem wird nun die Bühne eingerichtet. Spielerisch. Klar.

Dann werden Sie die Regeln von Improvisationstheater kennen lernen. Aber keine Angst. Sie erwartet keine Folienschlacht. Sie erfahren die Regeln im Spiel bei deren Anwendung.

Womit alles beginnt, ist das „Ja, und …"-Prinzip. Die Einhaltung dieses Prinzips beginnt mit dem Nicht-Blockieren. Sie erfahren, dass Sie jeden Prozess zerstören, wenn Sie blockieren, und was es überhaupt heißt, zu blockieren. Sie lernen, auf Angebote mit Angeboten zu antworten und wie Sie damit einen Prozess im Fluss halten.

Was dem folgt, ist Status. Was es heißt, einen bestimmten Status einzunehmen, wie wir ihn ausdrücken, wie der äußere den inneren berührt, wie die „Statuswippe" funktioniert … damit werden Sie sich ausgiebig und praktisch befassen.

Gleich mehrere Regeln bestimmen in ihrer Einhaltung die Beziehungsqualität. Wie kommt man gut in Kontakt? Wie zeigen Sie Emotionen? Was ändert sich, wenn Sie nicht gegen, sondern für den Anderen agieren? Wieso kann es dem Anderen helfen, wenn Sie ihn in Schwierigkeiten bringen?

Wenn Sie etwas auf den Weg gebracht haben, gelassen die Wirkung abwarten. Sich Zeit nehmen und Zeit lassen und auf den geeigneten Moment warten können. Das zu lernen, scheint nicht einfach und verlangt Übung, inklusive Training der Achtsamkeit. Sich auf die Situation einlassen, den Augenblick. Sich auf den nächsten Schritt fokussieren, statt ein fiktives, imaginäres Ziel in der Zukunft anzuvisieren. Insofern offen bleiben für Möglichkeiten und auch sich selbst keine Möglichkeiten zu verschließen. Allein das zu erleben, lohnt die Improvisation.

Am Ende werden Sie die Erkenntnis der Vielfalt Ihrer Ressourcen und Verhaltensmöglichkeiten gewinnen. Sie werden ein Stück mehr über sich erfahren, und Sie werden Dinge erkennen, die Ihre Authentizität stärken, und Dinge, die diese eher beschädigen. So gewinnen Sie Souveränität im variablen Spiel mit Ihren Möglichkeiten.

Die Verpackung Das alles klingt nach viel Zeitaufwand. Heute hat niemand mehr Zeit, sich tage- oder wochenlang in Schulungen zu setzen. Der Arbeitsalltag ist so verdichtet, dass oftmals schon der Urlaub mühevoll geplant werden muss.

Wir haben bereits zu Beginn das Smartphone als aktuelles Beispiel für spielerisches Lernen angeführt. In unserer Freizeit verbringen wir nicht wenig Zeit mit unserem Smartphone oder am PC. Die Bedienung der Geräte zu erlernen, erfordert längst kein Handbuch mehr. Wir erlernen heute Neues, indem wir es einfach ausprobieren. Und natürlich erreichen wir das gewünschte Ergebnis oftmals nicht beim ersten Versuch, dann probieren wir eben eine andere Möglichkeit. Plötzlich merken wir, es ist schon wieder Mitternacht und wir sollten doch noch etwas schlafen, bevor der neue Arbeitstag beginnt. Was wir dabei nicht mehr wahrnehmen: Wir haben den ganzen Abend spielerisch die verschiedensten Dinge gelernt, ohne dass es uns angestrengt hat. Im Gegenteil, es war vielleicht manchmal mühsam, doch es hat uns in Summe Spaß gemacht, weil wir am Ende erfolgreich waren.

Es gab auch schon früher Beispiele für spielerisches Lernen. Erinnern wir uns an die Schulzeit, als wir uns an verschiedenen Arbeitsgemeinschaften beteiligen konnten, z. B. an einer Theater-AG (Arbeitsgemeinschaft). Das war freiwillig, ohne Zwang und – das hat Spaß gemacht. Da hat niemand auf die Uhr geschaut.

Oder die Weiterbildungen, welche nach der Arbeitszeit besucht wurden. Stellvertretend für die verschiedensten Formen sei hier die Volkshochschule genannt. Eine seit Jahrzehnten bewährte Lernform, bei der man in einem überschaubaren Zeitraum, in regelmäßigen Abständen, kleine Einheiten „zu sich nimmt", sprich lernt. Zugegeben, das erfordert zunächst Überwindung, sich nach einem anstrengenden Tag noch mal aufzuraffen.

Spielerisches Lernen lässt sich also durchaus in Einheiten verpacken, die den starren Rahmen eines konventionellen Trainings verlassen. Die Trennung von Arbeit und Freizeit wird aufgehoben und der so wichtige Spaß- und Spielfaktor kommt zum Tragen. Wäre das nicht ein Rezept oder besser Konzept für die Umsetzung von Unternehmenstheater?

Epilog

> *Das Theater bildet mehr als ein dickes Buch.*
>
> Voltaire

Geht im Kino nach dem Film das Licht an, sind wir aus der Welt entlassen, in die uns der Film (ver)führte – und wieder in unserer Welt angekommen. Nach dem Theaterspiel hingegen geht das Licht aus. Die dunkle Seite unserer Existenz, die für Momente ans Licht geholt wurde, hat uns wieder. Hat sie uns wieder? Wozu dann das Theater? Das Theater hat unser Leben nicht verändert, nicht uns, nicht unsere Organisationen. Theater allein hat noch nie die Welt verändert. Aber das Theater hat uns Gründe und Möglichkeiten gezeigt, die Welt zu verändern. Und es hat uns die Möglichkeiten nicht nur gezeigt, sondern sie uns erfahren lassen, indem wir selbst (Schau-)Spieler waren.

Die neuen Verhaltenserfahrungen zu Verhaltensmustern zu stabilisieren, erfordert einen längeren Prozess, der auch Beratung, Coaching und Supervision einschließt.

Unternehmenstheater in der einfachen Form ist unterhaltsam für den Moment und wendet sich eher an Mitarbeiter als an Führungskräfte. Doch die Verantwortung für den Erfolg oder Misserfolg eines Unternehmens tragen die Führungskräfte. Mitarbeiter haben deshalb eine hohe Erwartungshaltung. Richtig geführt, entfalten die Mitarbeiter ihr volles Potenzial. Bleibt Unternehmenstheater im Event stecken, bleiben Potenziale und Chancen ungenutzt.

Unternehmenstheater hat hier eine Verantwortung in Richtung Management, die neue Skills erfordert. Nur wenn Unternehmensprozesse mitgedacht werden können, lässt sich eine Prozessbegleitung initiieren, kann der Spagat des Interessenausgleichs von Mitarbeitern und Führungskräften gelingen. Und nur dann können Mitarbeiter und Führungskräfte gleichermaßen einen nachhaltigen Nutzen ziehen. Insofern kann Unternehmenstheater mit Prozessbegleitung nachhaltig

© Springer Fachmedien Wiesbaden GmbH 2017
H.J. Hoppe et al., *Wie Unternehmen von Theater profitieren können,*
essentials, DOI 10.1007/978-3-658-17510-8

Führung, Führungskultur, Motivation beeinflussen und damit zum Erfolg des Unternehmens beitragen.

Was gibt es schließlich Schöneres, als das Ganze spielerisch zu erlernen und spielerisch im Führungsalltag anzuwenden? Erfolg ist spielerisch erlernbar.

Weiterführender Literatur

1. Achouri, C.: *Wenn Sie wollen, nennen Sie es Führung: Systemisches Management im 21. Jahrhundert*, GABAL Verlag, 2011 (2. Auflage)
2. Austin, John L.: *How to Do Things with Words* (dt. Übersetzung: *Zur Theorie der Sprechakte*; Universal-Bibliothek Bd. 9396)
3. Backhausen, W.: *Management 2. Ordnung*; Gabler Verlag, 2009
4. Backhausen/Thommen: *Irrgarten des Managements*; Versus Verlag, 2007
5. Die Zeit: *Tüfteln, spielen, lernen*; Die Zeit, 16.06.2016
6. Dörner, D.: *Die Logik des Misslingens*; Rowohlt-Verlag, 1989
7. Fischer-Lichte, E.: *Performativität. Eine Einführung*; Transcript Verlag, 3. Auflage, 2012
8. Frankl, V. E.: *Der Mensch vor der Frage nach dem Sinn* – Piper Verlag, 1979
9. Gallup Germany: *Gallup Engagement Index 2014*, Gallup 03/2015; www.gallup.de
10. Gigerenzer, G.: *Bauchentscheidungen: Die Intelligenz des Unbewussten und die Macht der Intuition*; Goldmann Verlag, 2008
11. Gortschakow, N.: *Die Wachtangow-Methode;* Alexander Verlag Berlin, 2008
12. Halpern/Close/Johnson: *Truth in Comedy*; Gazelle Books Services, 1994
13. Hüther, G./Quarch, Ch.: *Rettet das Spiel! Weil Leben mehr als Funktionieren ist*; Carl Hanser Verlag GmbH & Co. KG, 2016
14. Johnstone, K.: *Improvisation und Theater*, Alexander Verlag Berlin, 2010
15. Kruse, P.: *next practice Erfolgreiches Management von Instabilität*, GABAL Verlag, Offenbach 2004 (8. Auflage)
16. Königswieser/Hillebrand: *Einführung in die systemische Organisationsberatung*; Carl-Auer Verlag, Heidelberg, 2004/2008
17. Lorenz, K.: *Die Rückseite des Spiegels. Versuch einer Naturgeschichte menschlichen Erkennens*; (1973); DTV, 1993
18. Loth, W.: *Auf den Spuren hilfreicher Veränderungen*; Verlag Modernes Lernen, Dortmund, 1998
19. Luhmann, N. / Fuchs, P.: *Reden und Schweigen*; Suhrkamp Taschenbuchverlag Wissenschaft, 1989
20. Lösel, G.: *Das Spiel mit dem Chaos.* Transcript Verlag Bielefeld, 2013.
21. Malik, F.: *Führen Leisten Leben – Wirksames Management für eine neue Zeit*; Campus Verlag, 2006
22. Moreno-Levy, J.: *Das Stegreiftheater*; Beacon House, New York, 2. Auflage (1970)

© Springer Fachmedien Wiesbaden GmbH 2017
H.J. Hoppe et al., *Wie Unternehmen von Theater profitieren können*, essentials, DOI 10.1007/978-3-658-17510-8

23. Okun, B./Hoppe, H. J.: *Professionelle Führung in Welt 2*; Verlag: Springer Gabler, 2014

24. Pfläging, N.: *Organisation für Komplexität: Wir Arbeit wieder lebendig wird – und Höchstleistung entsteht*; Redline Verlag, 2004

25. Scheer, A.-W., Prof. Dr. Dr. h.c. mult.: *Jazz-Improvisation und Management*; ISSN 1438 5678; Heft 170, März 2002

26. Schiller, Friedrich von: *Vom Wirken der Schaubühne auf das Volk*; Rede vor der „Deutschen Gesellschaft", 26. Juni 1784

27. Schmid, B.: *Die Theatermetapher in der Praxis*; Institut für systemische Beratung; Institutsschrift Nr. 90; 2001

28. Schmidt, T./Esser, M.: *Status-Spiele: Wie ich in jeder Situation die Oberhand behalte*; FISCHER Taschenbuch, 2010 (9. Auflage)

29. Schumpeter, J. A.: *Kapitalismus, Sozialismus und Demokratie*; Verlag: UTB, Stuttgart, 8. Auflage (2005)

30. Schäfer, F.: *Minimal Management: Von der Kunst, vernetzte Menschen zu führen*; Midas Management Verlag, 2012

31. Spolin, V.: *Improvisationstechniken für Pädagogik, Therapie und Theater*, Junfermann Verlag, 8. Auflage (1997)

32. Sprenger, R. K.: *An der Freiheit des anderen kommt keiner vorbei*; Campus Verlag 2013, Frankfurt/Main

33. Sprenger, R. K.: *Radikal führen*; Campus Verlag, 2012

34. Stacey, Ralph D.: *Unternehmen am Rande des Chaos: Komplexität und Kreativität in Organisationen*; Schäffer-Pöschel, Stuttgart, (1997)

35. Storch, M.: *Das Geheimnis kluger Entscheidungen. Von Bauchgefühl und Körpersignalen*; Piper-Verlag, 6. Auflage (2011)

36. Taube, D. A.: *Unternehmenstheater – Eine Annäherung an eine Liaison zwischen Pädagogik, Wirtschaft und Kunst*; Universität Kassel, WS 2002/2003

37. Vester, F.: *Die Kunst, vernetzt zu denken – Ideen und Werkzeuge für einen neuen Umgang mit Komplexität*; Deutscher Taschenbuch Verlag (1. Mai 2002)

38. Vollmer, J. B.: *Der Darm-IQ*; Integral Verlag, München, 2014; ISBN 978-3-7787-9251-3

39. Watzlawick/Beavin/Jackson: *Menschliche Kommunikation – Formen, Störungen, Paradoxien*; Hogrefe Verlag (vormals Verlag Hans Huber), 1972

40. Watzlawick/Weakland/Fisch: *Lösungen – zur Theorie und Praxis menschlichen Wandels*; Huber Verlag, Bern (CH); 7. Unveränderte Auflage 2009

41. Wehrle, M.: *Bildungsnotstand im Management*; 11.08.2015; www.spiegel.de/karriere/berufsleben/martin-wehrle-warum-chefs-mehr-lesen-sollten-a-1047069.html

42. Weick, Karl E.: *Der Prozess des Organisierens*; Suhrkamp Verlag, Frankfurt am Main, 1985

43. Wüthrich/Osmetz/Kaduk: *Musterbrecher*; Gabler-Verlag, 2006

44. Zohar, D.: *Am Rande des Chaos. Neues Denken für chaotische Zeiten*; Midas Management Verlag, 2000